元スターバックスコーヒージャパンCEO
岩田松雄
IWATA MATSUO

共感型リーダー

EMPATHETIC LEADERS

まわりが自然と動く、
何歳からでも身につく思考法

KADOKAWA

まえがき

「最上のリーダーとは、その存在を人々がほとんど気づかないような人物である。次に良いリーダーは、人々がそのリーダーを愛し敬う。次には、人々がそのリーダーを畏《おそ》れる。そして、最下位のリーダーは、人々がそのリーダーを軽蔑《けいべつ》する」

——老子《ろうし》

日本のスポーツが熱い

ラグビーでは、「ワンチーム」のスローガンのもと、代表チームが、2015年W杯で強豪南アフリカを破り、「ブライトンの奇跡」と言われました。さらに2019年W杯でもベスト8の立派な成績を収め、2023年もW杯に出場し、日本中に熱い興奮をもたらしました。

バスケットボールでも、女子では東京オリンピックで史上初の銀メダルを獲得し、2023年にFIBA女子アジアカップで準優勝しました。男子も、48年振りに2024年のオリンピック出場を決めています。

野球では栗山英樹《くりやまひでき》監督が、「侍ジャパン」を率い、2023年WBCでは劇的な優勝を果たしました。栗山監督は日ハム時代には大谷翔平《おおたにしょうへい》選手を育て、それまで不可能とされていた投打の二刀流を後押しし2年連続MVPの「世界の大谷」になるきっかけをつくりました。

これらのチームの監督に共通するのは、選手の自主性とコミュニケーションを重視し、科学的データを元に戦略立案し、選手から絶大な信頼を勝ち取っている共感型のリーダーであることです。

また2023年夏の甲子園で107年ぶりに優勝した慶應義塾高校野球部の森林貴彦《もりばやしたかひこ》監督も、選手の自主性に任せ、坊主刈りを強制せず、選手とのコミュニケーションを重視しています。また、練習では科学的な戦術や運動力学にも取り組むことを意識しているそうです。

「監督が言おうとしていたことをキャプテンが先に言うとか、部員一人ひとりがチームのために考えて動くというのが、慶應野球部の特色です。**自立型の組織**が実現しています。

一人ひとりがやりがいを持つような環境にしたことが大きいと思っています」（森林監督インタビューより抜粋）

その慶應に決勝戦で負けた仙台育英の須江航《すえわたる》監督も、しっかりした野球理論はもとより、リーダーシップ論や心理学を学び、コミュニケーション重視で部員達から**信頼**と**共感**を得ているリーダーです。

彼らは選手を監督する「監督」ではなくて、共に肩を組んで歩む「リーダー」だと思います。実際慶應では「森林さん」と呼ばれているそうです。

また仙台育英の須江監督は、

「現役時代に選手としての実績がない私は『言葉』ばかり考えています」

と著書で言っておられますが、**共感型のリーダー**は皆言葉を選び、コミュニケーションを重視しています。

日本では運動部に限らず古い組織ほど、トップダウンが強く、「上の言うことは絶対で、下は黙って従うべし」というカルチャーが今でも残っています。しかしこれからのリーダーには、メンバーに対して「強制しない」「話を徹底的に聞く」「対等な立場で対話する」「自ら考えさせる」フラットな関係性を作ることが求められています。

共感型リーダーは自走式組織を目指す

社会環境の変化、ＡＩに代表される科学技術は、これまでと比較にならないスピードで進展しています。その中で競争優位を築くことができるのは、周囲の変化のスピードを上回る速さで、自ら変革を成し遂げられる**自走式の組織**です。複雑化した社会と急激な変化のスピードにおいて、組織は一人のリーダーに頼ることはできません。各人が自走するように、周りを巻き込み共に変革を推進する共感型のリーダーが求められています。

かつては上司の方が部下よりも仕事の内容を熟知していることが前提でした。しかし組織が複雑化し、仕事も専門化しています。メンバーの方が仕事の内容などをよく知っていることが普通になっています。このような状況でリーダーは、メンバーに対して仕事の細部まで指示することはできません。組織のミッションやビジョンを示した後は、コミュニケーションをしっかりととりつつ、個々のメンバーに任せるか、一緒になって走るしかないのです。

共感型リーダーとは、「**人々が見えないビジョンを語り、その実現に共感させ、共に歩むリーダー**」です。

本書は、今求められている「共感型のリーダー」について、私の考えをまとめた書です。序章では共感型が求められている背景を説明します。第1章では、そもそもリーダーやリーダーシップとは何かを考えます。第2章ではどんなリーダーシップスタイルが有効か考えます。第3章、第4章では、リーダーが語るべきMVV（ミッション・ビジョン・バリュー）について説明します。第5章、第6章では、共感型リーダーにとって重要なコミュニケーション方法を示します。第7章では、リーダーの最大の仕事である組織変革についてその進め方を説明し、第8章ではリーダーとして、どんなやるべき仕事があるかを述べます。第9章ではリーダーとしてどういった自己啓発が必要か、第10章では挫折《ざせつ》や失敗した時にどのように切り抜ければ良いかのヒントを述べています。

できるだけ私の経営者としての実体験や私の考え方をちりばめるようにしました。少しでもこれからリーダーを目指す人、今悩んでいるリーダーの一助となれば幸いです。

序章に入る前に簡単に自己紹介させていただきます。私は1982年に大学を卒業し、日産自動車に入社しました。製造・購買から財務まで幅広く経験し、カリフォルニア大学ロサンジェルス校（UCLA）アンダーソンスクールに留学し、MBAを取得。外資系戦略コンサルティング会社ジェミニ・コンサルティング・ジャパン（現PwCコンサルティング）でシニア・コンサルタントになり、日本コカ・コーラで購買の仕事を4年間しました。

その後、プリクラやゲームソフトの制作で知られたエンタテインメント企業のアトラスで初めて社長に就任したのが、43歳のときのことです。その後、アトラスは大手玩具《がんぐ》メーカーのタカラ（現タカラトミー）の傘下に入り、私はタカラの常務取締役に迎えられました。2年後英国自然化粧品のザボディショップの日本の運営会社イオンフォレストで二度目の社長に就任し、閉塞《へいそく》状態が続いていた中32ヶ月連続の予算達成をし、店舗数は１０７店から１７５店になり、売上も67億円から１３７億円、利益は約5倍になりました。

その後、51歳でスターバックスコーヒージャパンのＣＥＯを務め、売上が１０００億円を超えることができました。

1年ほど充電したあと、政府系ファンドの産業革新機構で投資先の経営サポートをしました。立教大学大学院ビジネスデザイン研究科で5年間教え、今は早稲田大学ビジネススクールで、「ミッション」や「リーダーシップ」についての授業をしています。

現在上場企業の社外取締役、多くのベンチャー企業のアドバイザーや経営者のエグゼクティブ・コーチングを通じて、様々な企業を間近で勉強させていただいています。２０１２年にはＵＣＬＡのビジネススクールより卒業生１００人（100 inspirational alumni）に選ばれました。２０２３年には早稲田大学ビジネススクールからティーチング・アワードを受賞することができました。

冒頭の老子の言葉通り、究極のリーダーは、組織が順調で、皆が自主的に考えて自走している時は、いるかいないかわからない存在であり、ひとたび組織がピンチになれば、ビジョンを熱く語り、変革チームを組織し、メンバーとのコミュニケーションを重視しながら、共に歩む姿勢を示してくれるリーダーです。また組織が自走し始めると皆に任せて目立たない存在に戻るリーダーかもしれません。

ではこんな共感型リーダーになるためにどうすれば良いか、一緒に考えて行きましょう。

2024年1月　世界平和を祈りつつ

㈱リーダーシップコンサルティング代表取締役　岩田《いわた》　松雄《まつお》

共感型リーダー ――まわりが自然と動く、何歳からでも身につく思考法――　目次

まえがき …… 003
――日本のスポーツが熱い／共感型リーダーは自走式組織を目指す

序　章　2020年代の働き方 …… 019

【日本の組織の危機】 …… 021
――日本の凋落／6つのメガトレンド／デジタル時代の働き方

【日本の熱意ある社員は5％】 …… 027
――今後の組織トレンド／物質的な成功より精神的な自己実現／働き方の定義／日本のリーダーは疲れている／日本のエンゲージメントは最低／共感型リーダーの必要性

［コラム］ジャパン・ワズ・ナンバーワン …… 040

目次

第1章 リーダーのあり方は1通りではない 043

【リーダーは「ポジション」だ】 045

リーダーとリーダーシップの違い／リーダーシップの定義／リーダーとリーダーシップに関する6つの誤解

【マネージャーは効率化し、リーダーは変革する】 055

マネージャーとリーダーの違い／リーダーシップとマネジメント力の両方が必要／リーダーシップの比率を上げていく

【カリスマ性は不要】 063

リーダーに必要な特質／リーダーにはどんな能力が必要か？／リーダーシップの旅／リーダーになる4つの能力／第5水準のリーダー／ドラッカーが求める最低限の資質：真摯さ

〔コラム〕孫子のダメリーダー 080

第2章 一人ひとりが語れる組織へ 085

【リーダーのスタイルは状況で決まる】 087

リーダーシップは生まれつきではない／リーダーシップ特性理論／リーダーシップ行動理論／状況に応じたリーダーシップ／パス＝ゴール理論／リーダーシップは経験から学べる

【共感型リーダーは自走式の組織を目指す】…… 100

新しいリーダー像／パートナーシップ・リーダーシップ（PL）／シェアード・リーダーシップ（SL）／サーバント・リーダーシップ／自分らしいリーダーシップ（オーセンティック・リーダーシップ）／信頼と支持の関係／信頼されるリーダー

［コラム］そもそもなぜリードするか？…… 118

第3章 ミッション・ビジョン・バリューを語る

…… 121

【なによりもまず、ミッションから始めよ】…… 123

何のために企業は存在するのか？／ミッション・ビジョン・バリュー（MVV）を組織全体に示す／社長より上位にあるのがMVV

【共感できる言葉を持つ】…… 133

言葉の定義が大切／なぜミッションが大切か？／登山家のMVV／MVVを語る大切さ

【売上とはミッションの達成度】…… 147

ミッションと売上・利益の関係／最小利益／ミッションは進化する

［コラム］3人の石工の話 …… 153

第4章 ビジョンとバリューで一人ひとりが動き出す …… 155

【ビジョンを語ろう】 …… 157

ワクワクするビジョンを策定する（著者の場合）／ビジョン達成のために必要なクイックヒット（短期的な目に見える成果）／ビジョン策定のためのヒント／PESTEL分析

【バリュー（行動指針）が企業文化の源泉となる】 …… 168

バリュー／ディズニーランドの3・11の時の対応

【MVVを作成し浸透させるためには】 …… 174

ビジョン・リトリート（幹部合宿）／MVVを自らの行動で示す／部門でのMVVを考える／組織と個人のMVVを一致させる／MVVを常に意識する／MVVを浸透させるために①／MVVを浸透させるために②／MVVの浸透レベル／本質において一致、行動において自由、全てにおいて信頼

［コラム］桃太郎はリーダーか？ …… 196

第5章 まず聴いて、それから熱く話す 199

コミュニケーションは聴くスキルから 201

聴く態度が大切

共感型リーダーの聴くスキル

1．話の主体を相手にし、傾聴すること／2．聴く技術を高める／3．聴く姿勢を示す／4．目を見て話を聴く／5．聴くことに集中する／6．聴くだけでなく、反応する／7．賞賛する／8．要約する／9．適切なタイミングで質問する／10．話の腰を折らないこと／11．ノートをとる／12．非言語的なサインに注目する

心に届く話し方を知る 213

話すテクニック

1．相手の心に響く内容か？／2．どんな話を聞きたがっているか／3．自分の生の言葉で話す／4．覚えやすいフレーズを使う／5．普段の意識がつい言葉に出てしまう／6．言葉一つで部下のやる気が変わる／7．賞賛や感謝を口にする／8．大切なことは繰り返す／9．同じことを聞いてピンとくる人、こない人／10．「伝える」と「伝わる」は違う／11．感情的になってはいけない／12．「ビッグワード」を使うな／13．コミュニケーション手段の多様化

〔コラム〕チャレンジャー号爆発事故 236

第6章 人前で話すコツを掴む …… 239

【聴衆に伝えるための技術】 …… 241
プレゼンテーションの極意／プレゼンテーション3原則「動け」「問え」「待て」
緊張をほぐすために
1．開き直り／2．原稿は用意するが読まない／3．熱心に聴いてくれる人を探す／4．場数を踏み十分な準備が緊張をほぐす／5．会場を事前にチェックする／6．前のスピーカーの話をふる／7．いじられキャラを探す

〔コラム〕メラビアンの法則の誤解 …… 257

第7章 共感型リーダーは変革の旗手である …… 259

【「組織を変える」という最大の仕事】 …… 261
組織変革／1．危機意識を高める／2．変革推進チームをつくる／3．適切なビジョンをつくる／4．変革のビジョンを周知徹底する／5．従業員の自発的な行動を促す／6．短期的な成果を生む（クイックヒット）／7．さらに変革を進める／8．変革を根づかせる

【変革を進めるための注意点】 …… 283

変革を求められる新しいリーダーが気をつけること／政治的に考える上での6つの根本的な視点／解決すべき当事者に問題を投げ返す／心理的安全性を担保する
［コラム］リーダーは強烈な自負心でメンタルブロックを外す 293

第8章 チームが存分に力を発揮するために 295

【メンバーが成長する目標設定】 297
ミッションから戦略策定の流れ／目標設定／SMARTな目標設定／成績評価／賞賛／ハーズバーグの動機づけ・衛生理論／モチベーションと報酬／エンパワーメントと権限委譲／人物評価方法／ドラッカーの観察した一流のリーダー

【思うようにいかないメンバーをどうするか？】 321
注意の仕方／やる気をなくした部下の扱い方／不良メンバーを排除する／謝罪方法／良いコミュニティの構築

［コラム］SWOTクロス 334

第9章 学ぶことに遅すぎることはない 339

目次

【リーダーは背中を見られている】……341
自己研鑽の姿勢／共感型リーダーになるための準備／岩田流ジョハリの窓（自己認識）／「未見の我」を信じなさい／自分自身のミッションを考える／3つの輪は何か考える

【私は50歳を過ぎて自分のミッションが見つかった】……360
ミッションを持つのに遅すぎることはない／私自身のMVVの変遷／自分自身の強みを知る／to do good よりto be good であることを目指す

〔コラム〕ワレンダ要因……371

第10章 逆境がリーダーをつくる……373

【ハードシングスにどう立ち向かうか】……375
修羅場経験こそリーダーを作る／厳しい試練に対する適応力／逆境が良きリーダーを作る／挫折！ レジリエンス／良い習慣をつける／日本ラグビーベスト8への原動力

〔コラム〕推薦図書……393

あとがき……396

EMPATHETIC
LEADERS

序 章

2020年代の働き方

あたりを見渡しても、
目に入るのは貪欲で臆病で、
なんのビジョンもない
偽物のリーダーばかりだ。

ウォレン・ベニス

日本の組織の危機

日本の凋落

この30年間日本は一体何をしていたのだろうか？　ジャパン・アズ・ナンバーワンと浮かれていたのはつかの間、バブルが弾《はじ》け、長いデフレ時代が続き、失われた20年が30年になろうとしています。日本の製造業が1980年代に世界を席巻《せっけん》し、目の敵《かたき》にされたジャパン・バッシングはとうに忘れ去られ、ジャパン・パッシング、ジャパン・ナッシングと日本の存在感がなくなってしまいました。

平成元年（1989年）には、世界時価総額のランキングトップ20に日本企業は14社入っていたのに、令和5年（2023年）には日本企業は1社も入っておらず、トップ20どころかトップ50にも1社も入っていない凋落《ちょうらく》ぶりです（ちなみに日本企業トップのトヨタは52位）。

日本人は自信を失い、欧米に追随して、グローバリズムへと走りました。株主資本主義、成果主義、コーポレートガバナンス（企業統治）、CSR（企業の社会的責任）、ダイバーシティ、インクルージョン、SDGsなど欧米の考え方を取り入れてきました。しかしながら日本の競争力が増したとは言い難い状況です。中にはその本質をとらえず、形だけでお茶を濁して、かえって企業価値を毀損《きそん》しているケースも多く見受けられます。

私はなんでも欧米の流行を取り入れれば良いというものではないと思います。日本には日本の歴史があり、国民性があります。是々非々でよく考えて、日本流にアレンジして取り入れていくべきです。実際ルールを作っている官僚や東証も、経営を全く経験していない人たちなのです。先を行っていると思われる欧米でも、不祥事は次から次へと起こっています。

例えば法整備が充実しているアメリカでは訴訟がとても多くあります。それは法律を守らない人が多いからです。ユダヤ教やキリスト教、イスラム教の聖地であるエルサレムでは、殺し合いやジェノサイドがひどく、「愛」や「律法」が必要だったから新しい宗教が生まれました。中国の春秋時代は群雄割拠で、国が乱れていたから百家争鳴と言われ、様々な思想家がでました。それは道徳を守る人が少なかったから、「道」を説く孔子《こうし》や孟子《もうし》が現れたのです。

日本でもかつて明治維新で欧米化が強力に進められましたが、日本流にうまく翻訳がなされ、日本人の精神そのものは失われませんでした。いわゆる「**和魂洋才**」の精神がよかったのだと思います。その頃の精神にもう一度立ち戻るべきだと思います。

6つのメガトレンド

人事コンサルティンググループの「ヘイグループ」は、自社内のデータ分析や各業界の研究者、経営者らとの議論を重ね、今後数十年にわたり組織とそのリーダーに重要な影響を及ぼす「6つのメガトレンド」を導き出しました。

1. **グローバリゼーションの加速**（「グローバリゼーション2・0」）
2. **環境危機**：気候変動と資源の欠乏
3. **個人へのパワーシフト**：「個の台頭」と価値観の多様化
4. **デジタル時代の働き方の変化**
5. **人口動態（デモグラフィー）の変化による社会の不安定化**
6. **先端的なテクノロジーの融合によるイノベーション**

各項目については詳しくは触れませんが、今後いろいろな面で大きな変化が訪れ、その変化のスピードは加速していくことは間違いありません。

デジタル時代の働き方

特に4のデジタル時代は、組織上見逃せない3つの大きな変容をもたらすでしょう。

第一に、世代間のデジタル技術の知識格差の拡大です。いわゆる**デジタルディバイド**です。デジタルな情報処理能力やIT知識はビジネスパーソンに欠かせない必須スキルとなっています。デジタルスキルの豊富な若者に、上司である年配者は頼ることになっています。今までは上司が部下より色々なスキルや知識の面で上回っていましたが、技能での逆転現象が起こり、少なくとも精神的にはフラットな職場になっていくでしょう。

第二に、会社のモバイルPCやスマートフォンの貸与により、オンとオフが切り替えにくくなっています。どこでもインターネットが繋《つな》がることができ、働く場所を選ばなくなり、会社に限らず、自宅やカフェ、リゾートがオフィスとなっています。リモートワークが可能になった分、「いつでもオン」な状態となり、プライベートと会社の境界が曖昧《あいまい》になってしまいます。ですから労働時間という考え方はなくなり、個々の社員の評価は勤務態度＋やる気＋まじめさではなく成果によってなされ、**同一成果同一賃金**（同一労働同一賃金ではない）にシフトして行かざるを得ないと思われます。まるで会社と社員の関係が、アウトソーシング先との関係のようになっていきます。その中、自分が勤めている会社への帰属意識はどんどん薄れてきています。本章で述べるミッションの重要性が増しています。

「同一労働同一賃金」が叫ばれていましたが、これは人の個性を認めないいわゆる労働価値説的な考え方で、私は元々とても違和感を感じていました。1時間に10個作った人と、15個作った人で同じ給与というのがおかしいと思います。何個作っても給与は同じというのでは、共産主義・社会主義国家が証明しているように、誰も一所懸命働かなくなります。

第三に、デジタル時代になり、あらゆるものが繋がっています。その中で組織の**レピュテーションリスク**がどんどん大きくなっています。例えば不正や品質トラブルを消費者によってSNS上で書き込まれ大炎上し、企業の悪評判が一瞬で全世界にシェアされる時代です。内部通報や消費者のレビューにより、現在は**嘘がつけない世の中**になっています。これは前会社組織はこれまで以上に高度に倫理的でかつ法令遵守でなくてはなりません。これは前

述とも関連しますが、プライベートの時間に、何の気なしに自分のＳＮＳにあげた内容が大炎上となって、会社のレピュテーションを大きく損なってしまうことが実際数多く起こっています。改めて自分の会社への帰属意識（エンゲージメント）や愛社精神（コミットメント）が求められています。

日本の熱意ある社員は5%

今後の組織トレンド

このようなメガトレンドと合わせて、人々の価値観も以下の方向に変わっていくとされています。

- 金銭的な結びつきから**情緒的な結びつきへ**
- 効率性から**創造性**に価値の源泉が移行
- **人間性の回復**、持続可能な社会、差別のない世の中

といった価値観の変化に合わせて、組織のトレンドとしては次の3つのトレンドが見込まれています。

- **デジタルシフト**：顧客の幸せを探求し、常に新しい価値を見出す「**学習する組織**」
- **ソーシャルシフト**：社会の幸せを探求し、持続可能な繁栄を分かち合う「**共感する組織**」
- **ライフシフト**：社員の幸せを探求し、多様な人が自走して協働する「**自走する組織**」

（斉藤徹《さいとうとおる》『だから僕たちは、組織を変えていける』
クロスメディア・パブリッシング、2021年、39ページ）

物質的な成功より精神的な自己実現

かつての高度経済成長時代は、「規模の経済」が働き、大企業に属していることで安定と高給が保証されていました。柔軟な変化と機敏性が要求されていく世の中では、むしろ大企業の規模の不経済が働き、雇用の流動性と相まって、優秀な人材は自由な雰囲気を求め、自分で起業したり、大企業からベンチャー企業などに移っていくことが増えつつあります。

組織が古い大企業にありがちなトップダウンの命令と服従の関係では、優秀な人材は留《とど》まってくれません。新卒で入社した会社に一生勤め続けるのではなく、欧米のように少なくとも数社を経験し、実力をつけていくことが普通になっていくでしょう。アメリカのビジネススクールの卒業生を見ていると、昔から伝統的な大企業よりも、マッキンゼーのようなコンサルタントやゴールドマン・サックスのような高給志向でしたが、この人たちは、あくまでも腰掛けと考えており、数年勤め小金を貯めた後、起業したり、ベンチャー企業に転身したりするケースが多くありました。

ただ最近は教育困難校へエリート大学の卒業生を派遣している Teach for America（TFA）のような**社会課題解決型**のNPOや組織に人気が集まっています。ビジネススクールを卒業して、2年間TFAで社会貢献した後、起業を志向する学生も多いと聞きます。日本のトップ層の大学生もこの傾向が少し出てきているようです。これは物質的な成功よりも、**社会貢献型の自己実現への希求が強くなっている**からでしょう。

働き方の定義

橘《たちばな》玲《あきら》さんの『働き方2・0vs4・0』（PHP研究所）によると働き方の定義が1・0から5・0まであります。

働き方1・0　年功序列終身雇用の日本的雇用慣行
働き方2・0　成果主義に基づいたグローバルスタンダード
働き方3・0　プロジェクト単位でスペシャリストが離散集合するシリコンバレー型
働き方4・0　フリーエージェント（ギグエコノミー）
働き方5・0　機械が全ての仕事を行うユートピア／ディストピア

ほとんどの日本企業は働き方1・0に留まっていますが、優秀な人材を集め社会を変えていくのは、より高次な働き方をしている組織であることは間違いないと思われます。
また一部の大企業を除いて、そもそも会社の寿命がどんどん短くなっているので、働き方1・0は成り立たなくなってきています。一方「人生100年時代」と言われ、ますます自分自身のキャリアは会社に頼ることなく、自分で作っていかなければならなくなっています。

私が新卒で入った日産自動車はルノーに救済され存在していますが、その後のジェミニ・コンサルティングは吸収され消滅、コカ・コーラビバレッジサービスは他社に統合、アトラスはセガに吸収され、タカラもトミーに吸収されています。イオンフォレストは、ザボディショップジャパンとなり、株主が変わっています。私が所属した企業の多くがすでに消滅もしくは吸収されてしまっています。

日本のリーダーは疲れている

アメリカは移民問題、格差問題など、様々な社会問題を抱えていますが、アメリカ企業は、この10年間株価、業績において日本企業を上回っています。一方日本のホワイトカラーの生産性は、先進国中最低レベルとなっています。日本の企業戦士は毎日遅くまで働いており、「**過労死（KAROSHI）**」問題まで起きてしまっています。実際大企業の部長研修などをしていても、一番感じるのは「**皆とても疲れている**」ということです。

もちろん住宅ローン、お子さんの受験問題や親御さんの介護問題など、配偶者として、親として、子供として、その負担を同時に引き受けないといけない忙しい時期でもあるからでしょう。基本的に自己啓発は読書が中心となると思いますが、エリートと目される大企業の部長クラスでも、多くの人が本を読んでいません。本を読む余裕さえないのでしょう。

最近はやれパワハラだとかコンプライアンスだ、SDGsだ、と気を遣うことが多く、日本の管理職達は自信を失くしてしまっているように見えます。その管理職たちから、よく価値観の違う若者達を、どのように指導して良いかわからないとの相談を受けることがあります。

私は、いくら価値観の多様化だと言っても、法律や社内規定に従うことは当然として、会社の経営理念やビジョン・行動指針に従ってもらわないといけないとはっきり言うべきだと答えています。若者を指導する時は、自社のミッション・ビジョン・バリュー（MVV）を明確に示して、同じ方向に向かわせないといけません。

それは上司たるリーダーの大切な仕事です。昔のように、大声を出して怒鳴ったり、出世や金銭的報酬を餌《えさ》にして、従わせようとしてもそれは無理です。リーダーは夢を語り、共に歩もうとする姿勢で、共感を得ないと若者達はついてきてくれません。いかに自分たちの仕事が世の中を変えて行こうとするかを熱く語らなければなりません。例えばスティーブ・ジョブズのように。

"I Want To Put A Ding In The Universe."
「私は、宇宙に響くような一撃を与えたいんだ」

——スティーブ・ジョブズ

日本のエンゲージメントは最低

2017年のギャラップ社の「グローバル職場環境調査」によると、先進国中の日本のビジネスパーソンのエンゲージメントは最低レベルとなっています。特に熱意を持って仕事に当たっている社員はわずか6％、逆に不満を持っている社員は71％、不満を撒《ま》き散らす社員はなんと23％に上っています。

最新の2023年の調査でも、仕事への熱意や職場への愛着を示す社員の割合が、日本は5％にとどまり、5年連続の横ばいで、世界最低水準が続いています（他社の同様な調査でも、一貫して日本人の仕事へのエンゲージメントの低さが見られています）。

今後少子高齢化・人口減により、ますます人材不足は深刻化し、企業間による激しい人材争奪戦になっています。優秀な人材をいかに社内に繋ぎ止めておくかという**リテンション**の問題も大きくなっています。せっかく獲得した人材も、やる気をなくしたり、すぐまた退職されては、企業の中にノウハウもたまらないし、競争力の観点でも、採用費用・教育投資の観点でも非常に大きな損失です。

そのため企業内部において、今いる社員からの高い「**エンゲージメント**」をいかに得られるかが、大きな関心事項になっています。エンゲージメントとは、「**従業員や顧客、ステー**

クホルダーが、企業や組織に対して強い関心や愛着を持ち、積極的に関わりを持ち、その成功に貢献すること」を意味します。

当然のことながら従業員のエンゲージメントが高い企業ほど、生産性、売上、顧客満足度、組織の信頼性などが高いとされています。エンゲージメントを高めるためには、従業員や顧客のニーズや価値観を理解し、それに応《こた》える取り組みやコミュニケーションが必要です。また、従業員が参加しやすく、自分たちの意見やアイディアが反映されるような環境づくりや、成長やキャリアアップの機会を提供することも重要です。さらに、組織文化やリーダーシップの改善も必要で、従業員が自分たちの**価値観や信念と一致する組織**で働けるよう、組織の価値観を明確にすることが求められています。これらの全てはリーダーの大切な仕事です。

「グローバル化の進む世界では、働く者の教育水準が上がり、もはや黙々と命令されるがままに働きはしない。リーダーシップにも新しいスタイルが求められている」

――ジョン・P・コッター

「熱意ある社員」の割合

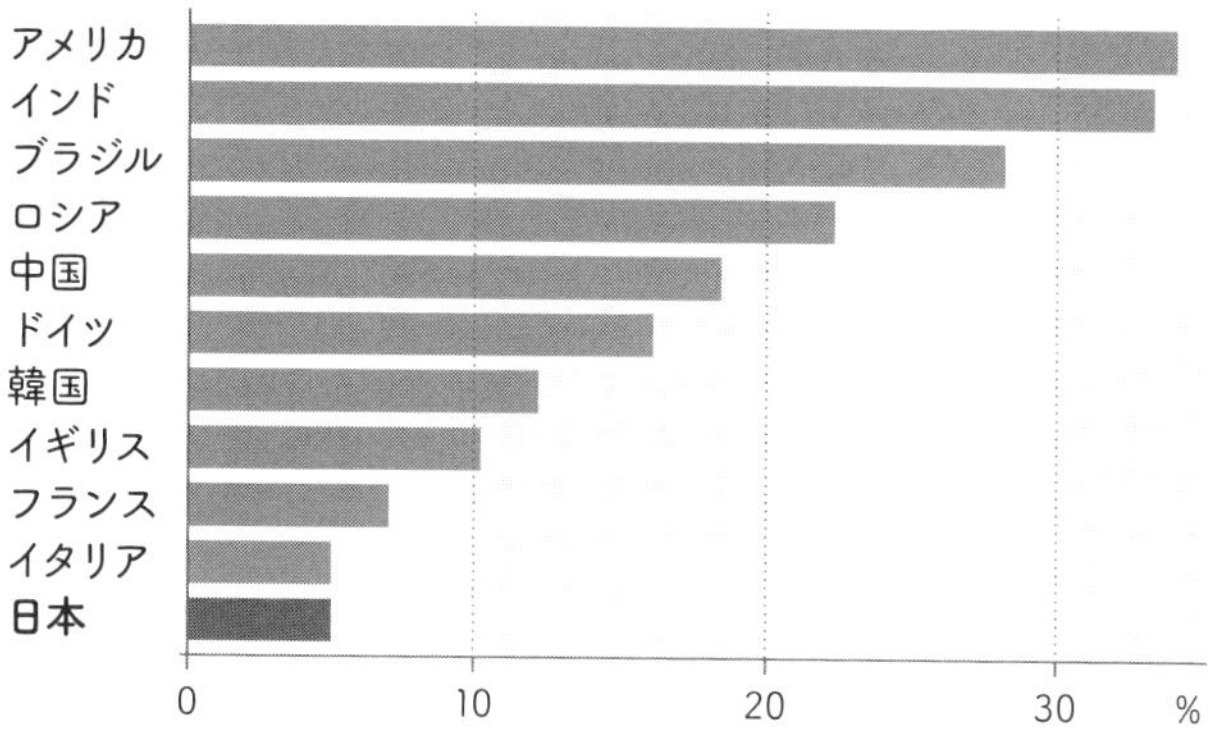

出所：GALLUP, *State of the Global Workplace: 2023 Report*

2022年日本の「熱意ある社員」の割合は5%で、145カ国の中で最低

「従業員エンゲージメント」の指数

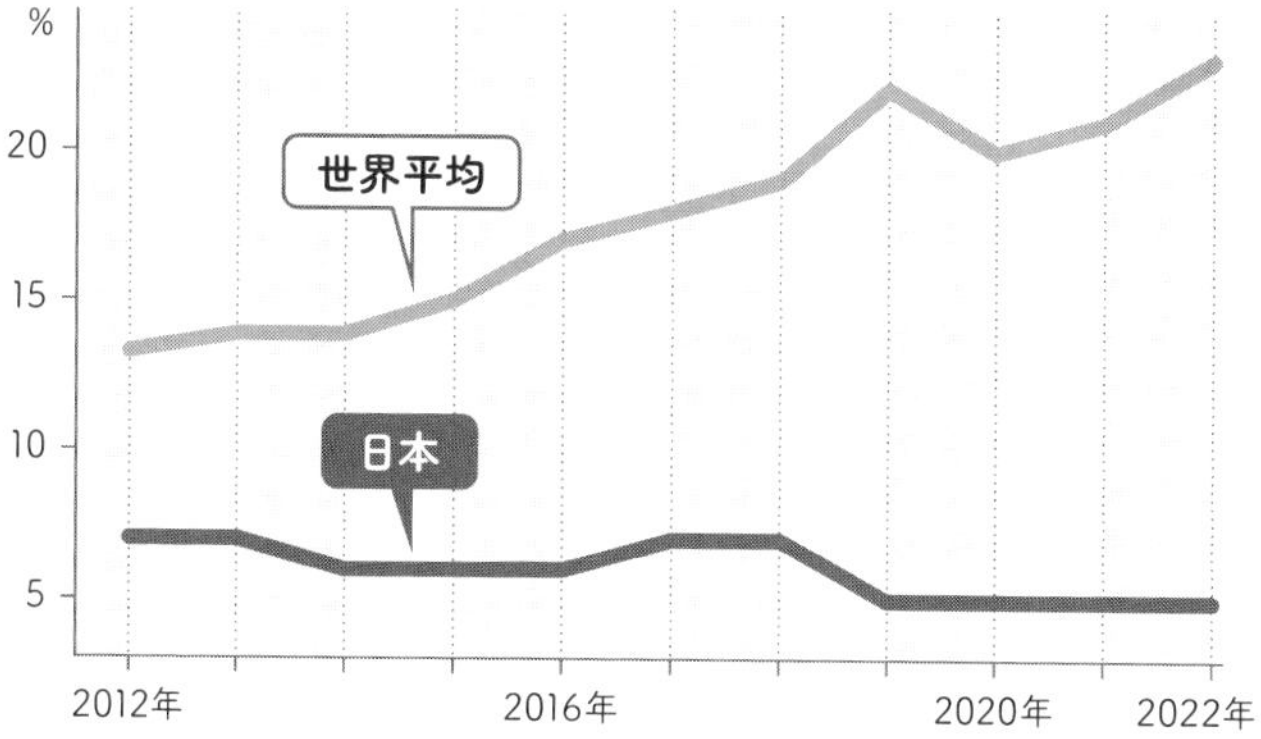

出所：「2023年版 ギャラップ職場の従業員意識調査」

日本と世界平均の差は広がるばかり

共感型リーダーの必要性

環境変化の激しい時代、組織内部で問題があまりに複雑で、情報が分散しているために、いかに能力が高いリーダーでも一人で全てを解決することはできなくなっています。一人のカリスマリーダーが、細かなことまで指示を出して、組織を引っ張っていく時代はとっくに終わっています。組織や社会の変化に敏感に対応でき、チームメンバーとのコミュニケーション能力が高く、多様な人々と協働することができる**共感型のリーダー**が求められています。

共感型リーダーは、共感や協力に基づくリーダーシップを実践することで、従業員のモチベーションやエンゲージメントを高め、生産性や顧客満足度の向上に繋げることができます。

「アーティストと仕事をするときは、彼らの感情やニーズに敏感になって、考えを自由に口にできる機会を作ることが重要です。そうすれば彼らは時には不満を訴え、時には素晴らしいアイディアを共有してくれるでしょう」

――ハープ・アルパート

今後社会の変化によって、メンバーは個性を大切にするアーティスト化していくように思います。共感を必要としているのは、アーティストだけではありません。リーダーにはメンバーと共に歩む姿勢が大切です。ラッキーストアの元CEOのドン・リッチーは次のように語っています。

「仕事をしていて、最もやる気が湧いてくるのは仕事仲間、特に上司が自分の存在だけではなく、自分がしていることを熟知していて、毎日のように関わってくるときです。自分と上司はパートナーであり、力を合わせて良い仕事をしようとしている。そう思えるとき、あるいは問題が起きても、犯人探しをするのではなく、解決策を探ろうという雰囲気がある時、社員が奮起するのだと思います」

——ドン・リッチー

これから求められるリーダーは、命令や規則ではなく、メンバーとの「協働」を重視し、フォロワーと対等な関係を結び、心理的安全性を担保しながら、共感をベースに共に歩むリーダーです。

最近は企業の社会的責任や環境問題などが叫ばれ、そもそもの**組織の目的**（Purpose）や**存在意義**（Mission）が注目されています。これからのリーダーは、社会的な視点を持ち、組織が抱える課題や社会のニーズに対して貢献することが求められています。

古来日本は、**「三方よし」**（売り手よし、買い手よし、世間よし）の近江《おうみ》商法や日本的家族経営などバランスの取れた経営を志向していました。社員から共感が得られ、お客様から共感が得られ、取引先、株主からの共感を得ることを目指すことがとても重要です。株主だけを見て経営する株主至上主義であってはならないのです。

ある意味共感型のリーダーは、さながら成功している**「NPO」のリーダー**と同じだと思います。メンバーが、お金や地位や名誉のためではなく、組織のミッションやリーダーのビジョンに共感し、決して強制ではなく、自ら課題を見つけ、自ら学び、自走していく組織を作るリーダーなのです。NPOはもっと民間企業を見習うべきだと言われていましたが、逆にアメリカのガールスカウトのように成功しているNPOを企業は見習うべきだと思います。

「リーダーは確固たる存在でなければならない。リーダーとは組織そのもの、価値観、基本の化身たるべきものである。リーダーとは範となる者である。約束を守る者である。リーダーシップとは、いかに行うかではなく、何を行うかに関わる事である」

――フランシス・ヘッセルバイン（元全米ガールスカウト連盟CEO）

次章では、そもそもリーダーとは何か？　リーダーシップとは何か？　について一緒に考えてみましょう。共感型リーダーを目指すためには、まずは基礎的な言葉の定義やリーダーシップ理論を知らなくてはなりません。色々な定義や理論が出てきますが、**私はリーダーシップについては、数学のように何か一つが正解ではなくて、色々な理論が重なり合って、リーダーシップの輪郭が見えてくる**のだと思います。その中から**自分に合った自分らしいリーダーシップ観（オーセンティック・リーダーシップ）**を作っていただければ良いと思っています。

COLUMN

ジャパン・ウズ・ナンバーワン

1979年に出版された『ジャパン・アズ・ナンバーワン』の著者のエズラ・ヴォーゲル氏は、日本の高い経済成長の基盤になったのは、日本人の学習への意欲と読書習慣であるとしています。ヴォーゲル氏によれば、当時の日本人の数学力はイスラエルに次ぎ2位で、情報については7位だが、他の科学分野についても2位から3位であるといっています。ヴォーゲル氏は日本人の1日の読書時間の合計が、アメリカ人の2倍に当たることや、新聞の発行部数の多さなどにより日本人の学習への意欲と読書習慣を例証しています。

また、ヴォーゲル氏は当時、日本人は他の国の人たちより英語力は明らかに劣っているが、今はまだそれは大きな問題ではない、優秀な通商産業省や大蔵省主導の経済への強烈な関与が、日本の競争力を高めていると語っています。その後逆に足かせとなってしまったように見えます。

ちなみに2018年のPISAのテストでは日本は読解力15位、数学的応用力6位、科学的応用力5位、中国（北京《ペキン》、上海《シャンハイ》、江蘇《こうそ》、浙江《せっこう》）は全ての分野で1位を取っています。高度成長時代の受験戦争の反動として、21世紀初頭の「ゆとり教育」がなされました。その結果日本の競争力が凋落してしまいました。高度成長時代からの日本人の慢心が、国力の衰退を招いてしまったのでしょう。

学習到達度調査(PISA2018)の得点

	順位	国・地域名	得点
読解力	1	北京・上海・江蘇・浙江	555
	2	シンガポール	549
	3	マカオ	525
	4	香港	524
	5	エストニア	523
	6	カナダ	520
	7	フィンランド	520
	8	アイルランド	518
	⋮	⋮	⋮
	15	**日本**	**504**
		OECD平均	487
数学的応用力	1	北京・上海・江蘇・浙江	591
	2	シンガポール	569
	3	マカオ	558
	4	香港	551
	5	台湾	531
	6	**日本**	**527**
	7	韓国	526
	8	エストニア	523
	9	オランダ	519
	10	ポーランド	516
		OECD平均	489
科学的応用力	1	北京・上海・江蘇・浙江	590
	2	シンガポール	551
	3	マカオ	544
	4	エストニア	530
	5	**日本**	**529**
	6	フィンランド	522
	7	韓国	519
	8	カナダ	518
	9	香港	517
	10	台湾	516
		OECD平均	489

出所:文部科学省・国立教育政策研究所「OECD生徒の学習到達度調査2018年調査(PISA2018)のポイント」

日本の学力はアジアの中でも決して最上位ではない

第1章

リーダーのあり方は1通りではない

どんなリーダーシップを発揮するかは、
その人の生き様を示すことだ。

岩田松雄

リーダーは「ポジション」だ

リーダーとリーダーシップの違い

そもそも「リーダー」という言葉の定義は一体何でしょうか？　英語のleaderは日本語では、一般的に「指導者」「統率者」「先導者」と訳され、人と地位を指します。

ドラッカーはリーダーを次のようにシンプルに定義しています。

「リーダーに関する唯一の定義は、つき従う者がいるということである」

この定義によると役職は関係なく、フォロワーがいて初めて、リーダーが成り立つことになります。

そもそもリーダーの語源を辿《たど》ってみると

リーダーという言葉の語源は、インド・ヨーロッパ語のリートであり、戦場に向かう部隊の先頭で旗を運び、通常は敵の最初の攻撃で犠牲になる人物を意味する。自分が犠牲になって、残りの部隊に先に危険があることを知らせるのだ。

（ロナルド・A・ハイフェッツ『最難関のリーダーシップ』）

つまり先頭に立って犠牲になる人のことです。

では、「リーダーシップ」とはどう違うのでしょうか？

一般的に、「リーダーシップ」は人を導くスキルを意味します。リーダーシップとは、地位を得ることによって、自動的に発揮しうるものではなく、リーダー自らが習得すべきものです。だから「リーダーシップのないリーダー」というのは、語彙《ごい》矛盾ではなくて、実際に存在します。あなたの近くにもいるかもしれませんね。平社員が、リーダーではなくても、リーダーシップは発揮することができます。

リーダーシップは組織のトップだけのものではなく、全員がリーダーシップを発揮できる自走式の組織でないと、これからの未来を生き抜いていけません。個々が場面場面でリーダーシップを発揮しなくてはならないのです。

またリーダーとフォロワーの関係性において、従来の考え方では、リーダーが上でフォロワーが下に位置するイメージ（例えば上司と部下）ですが、これからの共感型のリーダーは、フォロワーと対等な関係を目指します。場合によってはリーダーとフォロワーが入れ替わったりすることもあります。サーバント・リーダー（第2章参照）という考え方もありますが、これはリーダーが下でフォロワーが上にあるというニュアンスもあります。

スターバックスでは、アルバイトからCEOまで全員が「パートナー」と呼び合っています。昨日入社したアルバイトもCEOである私もパートナーでした。これはスターバックスで働く誰もが対等であるという意識があるからです（元々はアメリカでアルバイトまで株を持ってもらったことから、同じ株主という意識からパートナーと呼ばれるようになったようです）。

私はCEOでしたが、だからと言って自分が偉いなどと思ったことは、一度もありません。野球で言えばピッチャーとサード、どちらが偉いか議論しても意味がないのと同じです。ライトもベンチの人もいて初めて試合ができる。そこに上下関係などないのです。特にお店で働いているパートナーの皆さんのお陰で、自分の給料は出ていると私は本気で思っていました。私はお店のパートナーの皆さんをサポートするために社長をしている。お店の人のサポートで社長業が何とかできている。お互いにサポートしあっているのです。お互い単に担当しているポジションが違うだけなのです。

「リーダーに関する議論がすべて非生産的ではないだろうかと思う理由は、普段使っている「リーダー」という言葉が、「上司」と同義語になっていることだ」

――ピーター・センゲ

リーダーシップの定義

リーダーシップ論の第一人者ウォレン・ベニスによると、リーダーシップの定義は850種類以上あるそうです。だから唯一の正解があるのではなく、その時々の状況、リーダー自身の得意・不得意、それまでの経験などを踏まえた上で、その組織及びリーダーにとってふさわしいリーダーシップのスタイルを活用できることが理想です。

リーダーシップはフォロワーがいて初めて生まれます。リーダーシップとは、リーダーの**影響力の行使**を言いますが、その影響力の与え方は、その人の人間性や状況によって変わります。場合によっては、権力を使って人に影響力を与えることもできますが、この場合は一般的にリーダーシップがあるとは言いません。

余談ですが、「克己心」という言葉は、自分をリードするという意味で、自分に対するリーダーシップを表す言葉かもしれません。寒い朝、布団から抜け出す時に、頑張って起きようとするのは、自分自身にリーダーシップを発揮しているのです。

また部下が上司を説得して、行動を変えさせた場合も、上司に対して「リーダーシップ」を発揮したと言えます。この場合は部下への信頼感があり、何よりもその意見が良かったからでしょう。

私は一旦《いったん》信頼した部下に対しては、ほとんど全て任せて、その部下に言われるままに行動していました。もちろん権限は委譲しても、責任は自分で取るという意識は持っていました。この部下で失敗したら仕方がないと腹を括《くく》っていました。この場合はリーダーシップを発揮しているのは部下の方です。

リーダーシップを発揮するためには「信頼」という言葉がキーワードになります。結局「ついていきたいと思われるリーダー」は、信頼のおけるリーダーということです。

では代表的なリーダーシップの定義を見てみましょう。

私の経営の教科書である『ビジョナリー・カンパニーZERO』（ジム・コリンズ著）で

はこのようにリーダーシップを定義しています。

リーダーシップとは、部下にやらなければならないことをやりたいと思わせる技術

1. やらなければならないことを見極めるのは、リーダーの役目
2. 重要なのは、やらなければいけないことをやらせるのではなく、やりたいと思わせること
3. リーダーシップとは「サイエンス」ではなく「アート」

リーダーシップの権威であるケン・ブランチャードは、その影響力に着目しています。影響力とは、何らかの作用を与えて、フォロワーの考え方や行動を変えることです。

「より偉大な善のために、人々の能力と潜在能力を引き出すことにより、他の人々に影響を与える能力」

——ケン・ブランチャード

ブランチャードは、「より偉大な善」とは、「関係者全てにとって最善であること」（つま

り共通善）としています。また「関係者すべての幸福のために、尊敬と思いやりと公平さを持って行動し、有意義な結果を得るプロセス」とも定義しています。

「リーダーシップとは部下たちが義務だと言われなくても、そのリーダーのために働いてくれるようにすることだ」

——フレッド・スミス（ＦｅｄＥＸ創業者）

ドラッカーは、リーダーシップを「**方向性を決め、目標を設定し、資源を配分し、人々を行動に移すこと**」とも定義しています。また、リーダーシップは学ぶことができると主張しており、「自己開示」「自己省察」「他者への関心」といった自己啓発的な活動を通じて、リーダーシップ能力を向上することができるとしています。さらに、リーダーシップには目的論的な側面だけでなく、**人間的な側面**が重要であると強調しています。

リーダーとリーダーシップに関する6つの誤解

ウォレン・ベニスは誤った「リーダー神話」として6つの誤解を示しています。そして、そのうち5つはあらゆる組織に適合する普遍性を持っています。まずは、「世間が固定観念から脱《ぬ》け出すことこそが、新時代のリーダーシップ醸成に向けた礎となる」と言っています。

1. リーダーシップは、一握りの人にしかない技術である
2. リーダーは生まれつきリーダーであり、育てることはできない
3. リーダーはカリスマ的である
4. リーダーシップは組織のトップにしか存在しない
5. リーダーは支配し、命令し、急《せ》きたて、操作する
6. リーダーの唯一の仕事は、株主価値を高めることである

（ウォレン・ベニス『本物のリーダーとは何か』）

これらの神話は全て間違っていると述べています。
私流に書き換えると、

1. リーダーシップは、誰にでも身につけられる技術である
2. リーダーは生まれつきではなく、育てることができる

3. リーダーには、カリスマ性はいらない
4. リーダーシップは組織の至る所に存在している
5. リーダーは人に影響力を与えることだ
6. リーダーの仕事は、株主価値を高めることだけではない

リーダーは誰でもなれるし、本人の意図とは別にリーダーにならなくてはならない場合もあります。

例えば子供達とボートに乗っていて、無人島に流されたら、子供達の生存と安全のために、あなたはリーダーにならざるを得ないでしょう？

そしてリーダーシップは生まれつきのものではなくて、誰でも身につけることができます。

「リーダーシップとは、神秘的なものでも謎でもない。リーダーシップには、カリスマ性など個人の資質は関係ない。限られた選ばれし者だけの分野でもない」

――ジョン・P・コッター

「リーダーシップを学ぶことは、多くの人が考えているよりもずっとたやすい。リーダーシップの素地は、誰の中にもあるからだ」

――ウォレン・ベニス

マネージャーは効率化し、リーダーは変革する

マネージャーとリーダーの違い

「ほとんどの組織は〝マネージ〟されているだけで〝リード〟されてはいない」

――ウォレン・ベニス

次に「マネージャー」と「リーダー」の違いを考えてみましょう。皆さんは「リーダー」と「マネージャー」という言葉を意識して使い分けていますか？　マネージャーとリーダーの違いは、言葉通り、マネージすることとリードすることです。つまり

● **マネージする**：何かを引き起こし、成し遂げ、義務や責任を引き受け、実行すること

●**リードする**：人を感化し、方向や進路、行動、意見などを導くこと

リーダーシップは、「変革や創造性を促進」することであり、マネジメントは、「安定性と予測可能性を提供」することです。

リーダーシップは、チャレンジングな状況に対処する能力を持つことを要求する一方、マネジメントは、定められた目標や目的を達成することを要求します。

「マネジメントとは、組織の職務や目的とされていることを確認するプロセスのことです。これに対してリーダーシップとは、ビジョンを生み出し、周りの人たちに仕事に取り組む意欲を持たせるものです」

――ジョン・マックスウェル（リーダーシップの世界的権威）

ウォレン・ベニスは、リーダーとマネージャーの違いを以下のように述べています。

1. **マネージャーは管理し、リーダーは改革する。**
2. **マネージャーは模倣し、リーダーは創造する。**
3. **マネージャーは維持し、リーダーは発展させる。**

4. マネージャーは秩序に準拠し、リーダーは秩序を作り出す。
5. マネージャーは短期的な成果を考え、リーダーは長期的な視野を持つ。
6. マネージャーは「いつ、どのように」に注目し、リーダーは「何を、なぜ」に注目する。
7. マネージャーは損得を追いかけ、リーダーは可能性に目を向ける。
8. マネージャーは現状を受け入れ、リーダーは現状に挑戦する。
9. マネージャーはものごとを正しく処理し、リーダーは正しいことをする。

リーダーは未来への方向性を示し、人々に共感を持って、革新的なアイディアを提供し、人を感動させ、変化を促すことに重点を置きます。一方、マネージャーは、目標達成に向けて適切な戦略を策定し、リソースを最適化し、現状において効率的に問題を解決することに重点を置きます。

リーダーの役割は、部下が目標を達成するのを助けることです。部下たちがビジョンを実現できるよう真摯《しんし》に対応し、その障害を除去することによって、彼らの成功を助けることが、リーダーの仕事です。リーダーはチアリーダーであり、支援者であり、応援団長なのです。

「リーダーシップは、『どれが重要事項かを決めること』であり、それに対してマネジメントは、『重要事項』を優先して、毎日、瞬間瞬間において実行することである。つまり、マネジメントは自制する力であり、実行力なのだ」

——スティーブン・コヴィー（『7つの習慣』著者）

リーダーシップとマネジメント力の両方が必要

ウォレン・ベニスと並ぶリーダーシップの権威であるジョン・P・コッターは『リーダーシップ論』でリーダーシップとマネジメント力の両方を持っているリーダーは、わずか5％だと言っています（次ページ図参照）。

私もどちらかと言えば若い頃はBタイプ（日産の社長を目指す！と大言壮語して、誤解を受けやすいタイプ）でした。企業の中で若い頃出世するのは、目先の仕事を確実にできるマネージャータイプです。ですから私の若い頃は、上からの評価はあまり良くなかったと思います。その後色々な部署、企業で経験を積み、失敗を重ねてリーダーシップとマネジメントを徐々に身につけることができたと思っています。特に経営者

ジョン・P・コッターによるリーダーの4分類

	マネジメント力 ○	マネジメント力 ×
リーダーシップ ○	理想のリーダー 5% A	口先リーダー 10% B
リーダーシップ ×	管理型 60% C	無能な管理者 25% D

リーダーシップとマネジメント力の両方が必要

になってからは、日々自分のリーダーシップについて悩む毎日でした。色々な本を読み漁《あさ》り、それを実践してみて、反省し、修正する日々でした。今ではこの時の経験がとても役に立っていると思っています。

リーダーシップを身につけるためには、本でいくら知識を勉強してもダメで、**実際にリーダーを実践する場を経験する**ことが、何よりも大切です。経営学者が良い経営者になった例は皆無です。

また理想のリーダーになろうと思えば、マネジメントもしっかりできることが大切です。普通の組織ではマネジメントで実績を上げた人が、出世をしていきます。しかし上へ行けば行くほど、求められる能力は、マネジメント能力の比率が減り、リーダーシップの能力が問われることになります。**マネジメント的なことは部下がやるべきこ**

とです。リーダーの地位にあっても、細々したマイクロマネジメントをするリーダーもいますが、それは間違っています。

ザボディショップやスターバックスで社長を務めた後、あるファンドに短い期間勤めました。今までずっと上司のいない立場だったので、久しぶりに上司を持つことになりました。銀行出身の非常に細かい上司だったので、シャツの色に嫌味を言われたり、フレックスタイム制なのに出社時間まで注意されました。そのため毎日上司のスケジュールや動静を気にするようになり、会社に行くのがとても憂鬱《ゆううつ》になってしまいました。あっという間に、それまで持っていた経営者意識から、上司の顔色をうかがうサラリーマン根性に変わってしまいました。上司を見ていてもっとリーダーとして他にやるべきことがあるのではないかと思っていました。

「組織をして高度の成果を上げさせることが、自由と尊厳を守る唯一の方策であって、その組織に成果を上げさせるものがマネジメントである」

――ピーター・ドラッカー

リーダーシップの比率を上げていく

リーダーは日々様々な問題に立ち向かっています。その問題を大きく分けると、今までのやり方で解決できる問題と変化を伴う解決が必要な問題があります。前者を扱うのがマネージャーの仕事で、後者がリーダーの仕事です。

私が、研修で大企業の管理職に、悩みをヒアリングしてみると、変革者レベルではなく、うまく業務をこなすマネージャーレベルや対人関係レベルの悩みが多いように感じます。管理職として、マネジメントレベルのことは、もちろん最低限やらなければなりませんが、できるだけ部下を教育し、オペレーショナルなことは任せて、自分自身は組織の未来に向けて組織変革、少なくとも組織が進化することに注力をすべきです。仕事そのものを見直したり、将来につながる新しい仕事を作り出すのがリーダーの仕事です。今までやっていることを効率的にやることを考えるのは、マネージャーの仕事です。

「マネージャーは『複雑性への対処』でリーダーは『変革への対処』」

——ジョン・P・コッター

ドラッカーはリーダーの仕事としてこのように述べています。

「リーダーシップとは、組織の使命を考え抜き、それを目に見える形で明確に確立することである。リーダーとは目標を定め、優先順位を決め、基準を定め、それを維持する者である」

――ピーター・ドラッカー

カリスマ性は不要

【リーダーに必要な特質】

古来色々な人がリーダーたるべき人の特質や徳目を挙げています。共通する部分もあるし、表現が違っている場合もあります。これからリーダーに必要と思われるいろいろな特質や徳目を挙げていきます。私はリーダーシップ理論には何か一つの正解があるわけではないと思っています。

リーダーやリーダーシップに関するいろいろな個々の学説を星とするなら、そのいくつもの星が集まっている全体は星雲だと思います。その中で自分が気に入った学説を繋げて、自分なりの星座を作っていただければ良いと私は思います。つまり「自分らしい」リーダーシップスタイルを確立すれば良いのです。本書で述べている「共感型リーダー」も、何か一行で語れる「これだ！」という正解があるのではなく、何となくこんな感じのリーダーとして捉《とら》えていただければ良いと考えています。

そのためリーダーシップ理論の変遷や理論をしっかり学ぶ必要があります。リーダーが持つべき特質の中には、例えば代表的な「強いトップダウン」と「皆の意見を聞く包容力」など一見相矛盾するものがあります。組織が置かれた歴史的背景や現在の状況に応じて、コミュニケーションを重視しながら臨機応変にリーダーシップのスタイルを変えることができるのが、共感型リーダーです。ですから共感型リーダーを目指す人はいくつかのリーダーシップスタイルをポケットの中に持っておくべきなのです。

まず古代ギリシャの哲学者のアリストテレスは

- **徳**（Virtue）
- **実践的能力**（Practical wisdom）
- **公平無私**（Fair-mindedness）

の3つを挙げています。

「兵法」（Art of War）で有名な孫子《そんし》は「智・信・仁・勇・厳」を挙げています。

- **「智」**：深く物事の本質を見抜き、洞察していく知恵。
- **「信」**：人間的に部下から信頼される力。
- **「仁」**：部下への思いやり、仁愛。部下との共感力。
- **「勇」**：勇気。周囲が何を言っても、断固として信念を貫く勇気。
- **「厳」**：部下にルールを守らせる厳格さ。自分に対しての厳しさ。

また「戦争論」で有名なクラウゼビッツは次の4つを挙げています。

- **知性と情熱を兼ねる高度な精神**
- **危険を顧みず自身の行動に責任を負う勇気**
- **不確実な事態における洞察力**
- **洞察に基づく具体的な行動をする決断力**

大日本帝国陸軍はリーダーの資質として以下の4つを挙げています。

高慢の品性／至深の温情／堅確な意思／卓越した識見

一方アメリカ海軍は

忠誠／肉体的精神的勇気／信頼／宗教的信仰／ユーモアのセンス／謙虚／自信／常識／判断力／健康／エネルギー／楽天主義

を挙げており、「ユーモアのセンス」や「宗教的信仰」などはとてもアメリカらしいですね。それぞれの時代背景・組織が求めているリーダーシップのスタイルには違いがあるということです。

リーダーにはどんな能力が必要か？

「リーダーにとってどんな能力が必要と考えますか？」

私が実施した管理職研修のグループワークで、「リーダーに必要な能力を5つ挙げなさい」との課題に対して、次の図のような回答がありました。2グループ以上から挙げられ

「リーダーに必要な能力は?」への回答

信頼 ○○○	努力	メリハリ
説得力 ○○	誠実さ ○	正義
視野が広い	要領の良さ	意志の強さ
熱意	知的	感謝
行動力 ○○○○	責任感	信用
魅力	人格者	包容力
決断力 ○○○	求心力	犠牲
向上心	俯瞰力	運

2グループ以上から挙げられた回数を「○」で示した

た回数を「○」で示しました。「行動力」「信頼」「説得力」「決断力」「誠実さ」を複数のチームが選んでいます。「熱意」だとか「責任感」なども挙げられましたが、どの特性を見ても、なるほどと思える能力ばかりです。特に、私は最後の「運」には痺《しび》れました。確かに誰もが運の強いリーダーについていきたいと思います。これは努力によって身につけることは、難しいかもしれません。昔から立派なリーダーは数多くいたのだと思います。その中で「運」にも恵まれたリーダーが、いわゆる歴史に名を残す「英雄」になったのだと私は思います。

「運」については、脳科学者の中野信子《なかののぶこ》さんの著書『科学がつきとめた「運のいい人」』(サンマーク出版)の結論として、「**運のいい脳を作るためには朝晩お祈りをしなさい**」と書かれています。確かに戦国武将や有名なリーダーなどには、信心深い人が多い気がします。常に「将来なりたい自分」「成し遂げたい目標」を集中して祈ることにより、「運のいい脳」になっていくと中野さんは書かれています。

ヨーロッパの英雄といえばナポレオンが思い浮かびますが、彼は戦場では連戦連勝でした。伝説では、敵からの弾丸が雨あられと降り注ぐ中、橋の上で指揮をとりましたが、1発も弾が当たらなかったとか、海上イギリスの海軍提督ネルソンが待ち構えている中、たまたま嵐になり逃げられたとか奇跡としか言いようのない運を持っていました。

「リーダーとは希望を配る人のことである」

——ナポレオン・ボナパルト

リーダーシップの旅

名著『リーダーシップの旅』（野田智義《のだともよし》、金井壽宏《かないとしひろ》著）では、「構想力」「実現力」「意思力」「基軸力」の4つの能力がリーダーに求められ、それぞれ次のように説明しています。

1. 構想力（ビジョン力）

時代の流れを感じ取りながら、新しい世界像、社会像、組織像をイメージする力。「コンテクスチュアル・インテリジェンス」（生きている時代の脈略を読み取る知性、どのように時代を意味づけ、現前する機会を掴《つか》み取るかの理解）としています。また「時代の変曲点」をどう読むか？「戦略的・論理的な思考」を駆使し、より具体的な設計図を描く力。

私がここですぐ思い浮かぶのは織田信長《おだのぶなが》です。戦国時代「天下布武」を掲げて、一気に京都に攻め込んで日本統一を図りました。時代の変曲点を掴み、彼の桶狭間《おけはざま》での戦いなどは、6倍以上の今川義元《いまがわよしもと》軍に対して、一点集中で攻め戦略的に撃退しました。信長には今川軍に勝てる生き筋（ビジョン）が見えたのだと思います。

また1860年の桜田門外《さくらだもんがい》で、幕府権威の象徴であった大老井伊直弼《いいなおすけ》が水戸《みと》藩の脱藩者と薩摩《さつま》藩士のわずか18名に襲われて斬首されました。当時殿様を倒そうなどと考える武士はおらず、ましてその上にある徳川《とくがわ》幕府を倒せるなどと思っていませんでした。この桜田門外の変により幕末のリーダー（志士）たちは、徳川幕府は倒せるというビジョンが見えたのでした。ここから大きく歴史が変わっていくのです。

渡部《わたなべ》 昇一《しょういち》先生によるとそれまでは徳川幕府のことを畏《おそ》れ多いという感じで「公儀」と呼んでいたのが、この事件後「幕府」という言葉が使われるようになりました（「幕府」という言葉は歴代の幕府が滅びてきたので、あまり縁起が良い言葉ではなかった）。言葉にその時代の空気を感じることができます。

2.実現力

人とのコミュニケーションを通じて、見えないものへの理解・共感を得て、周囲や組織の中で行動の輪を広げ、構想を現実へと変えていく力。

現代でいえばソフトバンクの孫正義《そんまさよし》会長が思い浮かびます。大きな構想でそれに向けて猛烈なスピードでソフトバンクの成長を実現させました。私もスターバックス時代、店舗でのＷｉ－Ｆｉ化導入で関わりましたが、そのスピード感と実現力は圧倒的でした（ただ当時の宮内謙《みやうちけん》副社長が名参謀として支えていたからこそ、そのスピード感に皆がついていけたのだと思います）。

3.意思力（Will Power）

外からのものではなく、自分の内面から湧き上がるもの。心の奥底から踏み出したい、踏み出すんだ、後戻りせずに前へと歩き続けるんだという力。

吉田松陰《よしだしょういん》の「かくすれば　かくなるものと　知りながら　やむにやまれぬ　大和魂《やまと》」という歌が思い出されます。欧米露の侵略から日本を守るためには、アメリカを視察しなければならないという使命感から、松陰は命懸けの密航を試みたが果たせず幕府に自首しました。下田《しもだ》の牢獄《ろうごく》から江戸《えど》に移送される途中、赤穂《あこう》浪士の墓がある高輪泉《たかなわせん》岳寺《がくじ》の前で詠《うた》ったとされています。松陰は幼少の頃から「公」に仕える強い意思力を叔父《おじ》の玉木文之進《たまきぶんのしん》に厳しく教育されました。

4. 基軸力（頑固さ）

やり続けること、やり遂げること。そのために、ぶれず、逃げないこと。

伊能忠敬《いのうただたか》は、55歳から念願だった日本の測量を始めて、死の直前まで日本地図作りに命を捧《ささ》げました。73歳の死の直前まで地図の作成作業を続けました。このブレない実行力には圧倒されます。

また少し前のＮＨＫのテレビ番組「その時歴史が動いた」では、以下の項目を挙げていました。

1．決断力／2．実行力／3．想像力／4．直観力／5．知力／6．情報力／7．統率力／**8．運**……

ここで面白いのは、8番目にやはり「運」が入っていることです。歴史を動かすような英雄には、やはり「運」が必要だったのだろうと思います。

リーダーになる4つの能力

ウォレン・ベニスは著書『リーダーになる』の中で、本物のリーダーに備わっている資質の中で特に重要なのは次の4つと言っています。

1．本物のリーダーには他者が共感できる意義を見出《みいだ》し、周囲を巻き込む能力がある。

リーダーは、自身のビジョンやミッションを他者と共有し、それに共感を呼び起こすことが必要です。この共感は、チームや組織のメンバーが一致団結して動く力となります。リーダーは、自らの価値観やビジョンを明確に伝え、それを通じて他者を鼓舞し、導く能力が求められます。

2. 本物のリーダーは自分を明確に表現できる。

リーダーは自己認識を持ち、自分の価値観、信念、考えをはっきりと他者に伝えることが必要です。自分自身を理解し、それを言葉や行動で正確に表現することで、周囲の人々との信頼関係を築くことができなければなりません。

3. 本物のリーダーには誠実さがある。

誠実さは、信頼の基盤となります。リーダーは、真実を伝え、約束を守り、誠実な行動を取ることで、信頼性を確立しなくてはなりません。この誠実さは、組織内でのリーダーの信頼性やリーダーシップの効果を高める鍵《かぎ》となります。

4. 適応力のあるリーダーは絶え間ない変化に素早く、理性的に対処できる。

適応力のあるリーダーはまず行動し、後から結果を評価します。今日のリーダーにとって最も重要なのはスピードであり、時にはすべてのデータが揃う前に行動を起こさなければなりません。行動を起こしたら、その結果を評価し、軌道修正し、素早く行動に移すことが大切です。

ここでもやはり織田信長を思い浮かべます。彼は夜中に「敦盛《あつもり》」を舞った後、わずか5名の部下を従えて桶狭間に向かいました（これは内部にもスパイがいるので味方にも秘密にしていた）。途中熱田《あつた》神宮で軍勢を集結させ戦勝祈願をします。祈っている時に鎧《よろい》の音がしたことで、縁起が良いと全軍の士気が大いに上がりました。これも信長が事前に周到に用意した仕掛けだと思われます。

第5水準のリーダー

私が大好きな書籍に、『ビジョナリー・カンパニー2　飛躍の法則』（原題 *Good to Great*

ジム・コリンズ著）があります。優れた企業の本当の強さとは何か、を検証した本ですが、ここでもリーダーシップについて言及されています。

多くの人々がイメージする、カリスマ的なリーダーも登場しますが、それは「第4水準」という書き方がされています。さらにその上のリーダーとして「**第5水準**」のリーダーがあるというのです。

カリスマ性の有無はまったく関係がない。むしろ、控えめで謙虚さを持っている。何かがうまくいったとしたら、「それは運が良かったからだ」「部下が頑張ってくれたからだ」と受け止める。逆に、うまくいかなかったときには、「すべて自分の責任だ」と捉える。そうした謙虚な姿勢を持ち、人格的にも優れたリーダーを『ビジョナリー・カンパニー2』では、「**第5水準のリーダー**」と定義しています。

そこそこ良い（Good）企業が、ビジョナリーで偉大な（Great）企業に変革する変化点には、必ず第5水準のリーダーが登場すると書かれています。

私は割と若い頃から中国古典や陽明学者の安岡正篤《やすおかまさひろ》先生の本を読んでいました。その中で中国明《みん》代の儒学者の呂新吾《ろしんご》の著した『呻吟語《しんぎんご》』に、リーダーのランクが書かれています。

●深沈厚重は是《こ》れ第一等の資質。

（どっしりと深く沈潜して厚み、重みがあるのが第一の資質。）

第5水準のリーダーシップ

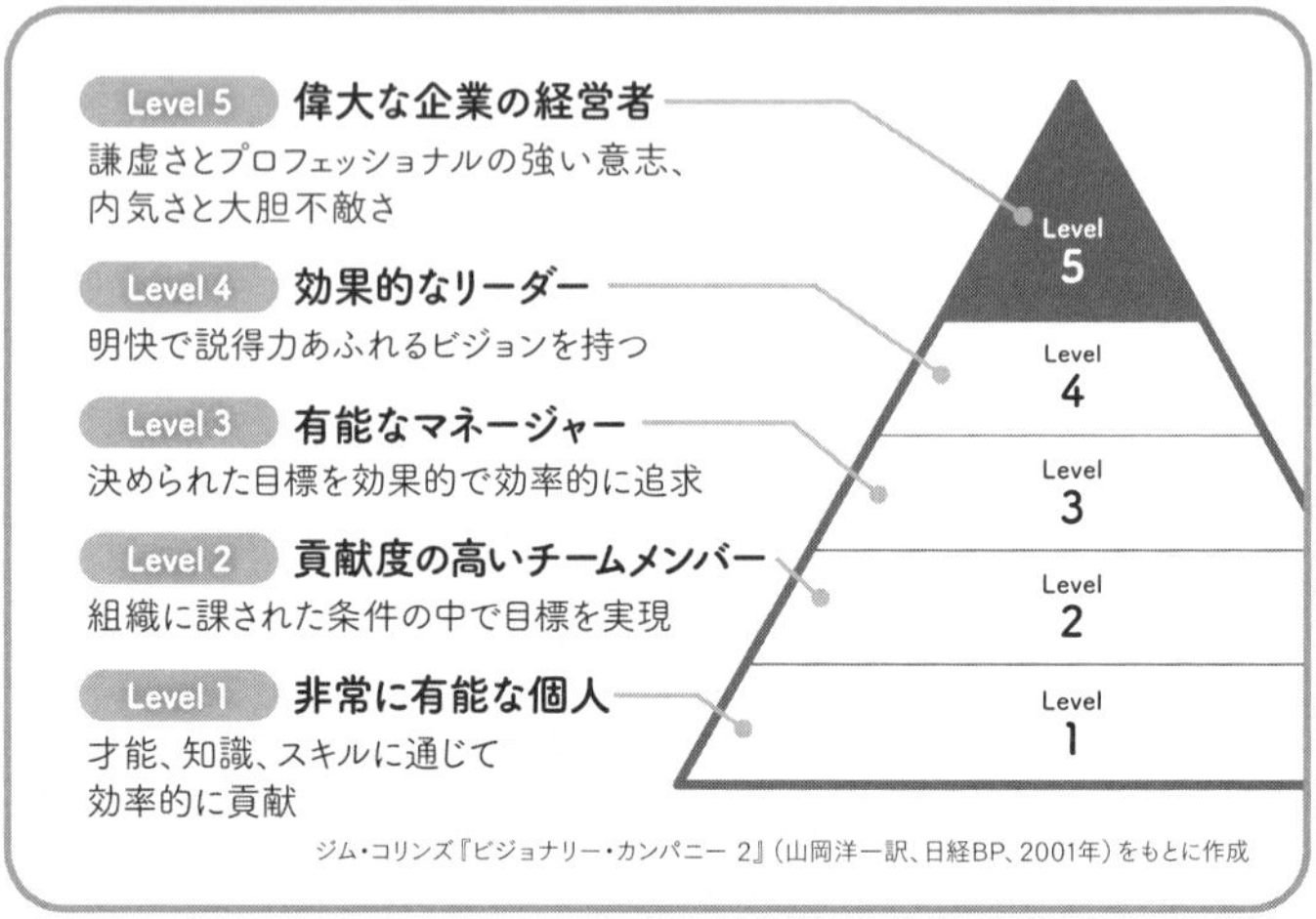

Level 5 偉大な企業の経営者
謙虚さとプロフェッショナルの強い意志、
内気さと大胆不敵さ
Level 4 効果的なリーダー
明快で説得力あふれるビジョンを持つ
Level 3 有能なマネージャー
決められた目標を効果的で効率的に追求
Level 2 貢献度の高いチームメンバー
組織に課された条件の中で目標を実現
Level 1 非常に有能な個人
才能、知識、スキルに通じて
効率的に貢献
Level 5
Level 4
Level 3
Level 2
Level 1

ジム・コリンズ『ビジョナリー・カンパニー 2』（山岡洋一訳、日経BP、2001年）をもとに作成

第5水準のリーダーは、自尊心の対象を自分自身にではなく、
偉大な企業を作るという大きな目標に向けている

●**磊落《らいらく》豪雄は是れ第二等の資質。**
（物事にこだわらず、器量があるのは第二の資質。）
●**聡明《そうめい》才弁は是れ第三等の資質。**
（頭が良くて才があり、弁が立つのは第三の資質。）

いわゆる磊落豪雄なカリスマ的リーダーは第4水準のリーダーにあたり、深沈厚重なリーダー、つまり第5水準のリーダーが第1等だと言っているのです。『ビジョナリー・カンパニー2』の結論とほぼ同じことが、書かれていることに驚きました。つまり洋の東西問わず、時代の新旧を問わず理想とするリーダー像が一致していると言うことです。

ドラッカーが求める最低限の資質：真摯さ

またドラッカーは名著『マネジメント』の中で、こう書いています。

「マネージャーにできなければならないことは、そのほとんどが教わらなくとも学ぶことができる。しかし学ぶことのできない資質、後天的に獲得できない資質、初めから身につけていなければならない資質が、一つだけある。才能ではない。**真摯さ（integrity）**である」

——ピーター・ドラッカー

この中でマネージャーという言葉を使っていますが、これは文脈上「リーダー」と読み替えても問題はないと思います。また「integrity」という言葉は、とても日本語に訳しにくい言葉です。コヴィーの『7つの習慣』でも出てきますが、そちらの日本語訳は「誠実さ」です。

この真摯さ（integrity）という言葉を英英辞典で引くと

Integrity（真摯さ）の図解

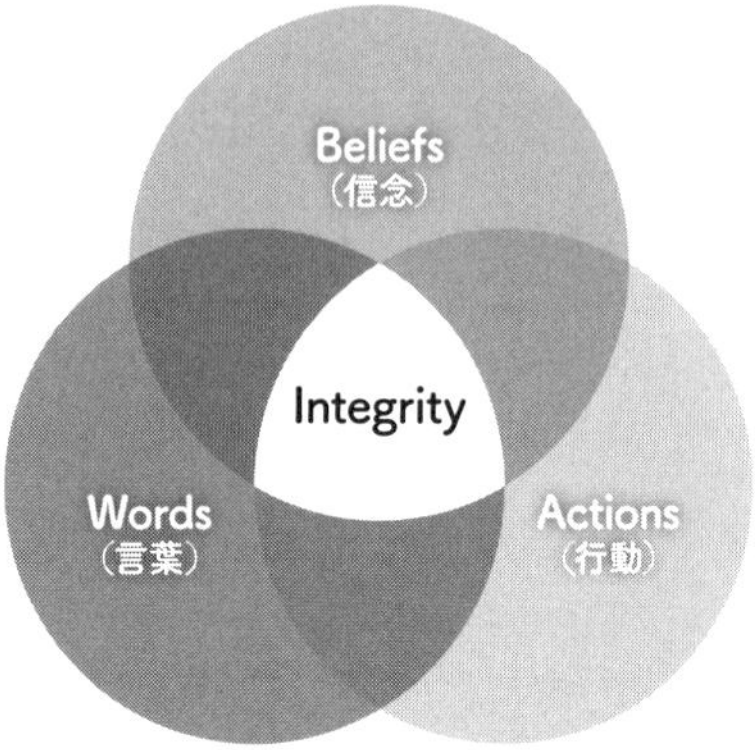

信念と言葉と行動が一致している状態がIntegrity

integrity: the quality of being honest and strong about what you believe to be right.
（自らが正しいと信じることに誠実で、断固たる姿勢を貫く性質）

たまたま「integrity」をネット検索していると、このような図が見つかりました。つまりBeliefs（信念）とWords（言葉）とActions（行動）が一致している状態を言っているようです。

私はドラッカーの熱心な信者ですが、この点に関しては異議があり、私はこの「真摯さ」というのは、生まれついての資質だけではなく、**後天的に身につけられる**と思っています。

第1章のまとめ

- リーダーは人と地位を言い、リーダーシップはスキルなので身につけることができる。
- リーダーシップとマネジメントは目的が違うが、両方を身につける必要がある。
- リーダーに必要な徳目・特性は時代や組織によって違う。
- 目指すべきは第5水準の共感型リーダー。
- リーダーやリーダーシップについていろいろな定義があるが、何か唯一の正解があるのではなく、それら全体を漠然と理解すれば良い。

では目指すべき共感型のリーダーとはどんなリーダーシップスタイルなのか、第2章で一緒に考えてみましょう。

COLUMN

孫子のダメリーダー

孫子はダメなリーダーとして次の5つを挙げています。「**必死**《ひっし》」「**必生**《ひっせい》」「**忿速**《ふんそく》」「**廉潔**《れんけつ》」「**愛民**《あいみん》」の『**五危**』を挙げています。参考までにそれぞれ簡単に説明しましょう。

必死《ひっし》

思慮が浅く、決死の覚悟で突撃していくタイプ

蛮勇はあるが、思考が浅くて失敗する。猪突猛進。イケイケどんどんのリーダー。

調子の良い時はいいが、退くことができない。勢いはあっても、考えが足りない。

私がある会社で役員をやっていた時の社長は、とにかく何が何でも会社を大きくさせることに必死であった。会社の中身も見ないで買収したり、市場調査もせず新しい事業を始めたりした。結果的にキャッシュが回らなくなり、格下の会社に救済合併されてしまった。

会社は成長を目指しても良いが、膨張させてはならない。このようなリーダーは、とにかく「突撃！」を繰り返して、多くの部下を無駄死にさせてしまうのです。

必生《ひっせい》

自己保身を優先させ、自分の地位ややり方を守ることばかりに神経を使うタイプ

臆病《おくびょう》で自分が生き延びることばかり考えている。前例のあることしか認めようとせず、自ら意思決定しようとしない。上手《うま》くいけば自分の手柄にし、失敗すれば部下のせいにする。

あるファンドにいた時の上司がこんな感じだった。服装や出勤時間に至る細かなことまで管理するだけではなく、私が会議などで上層部に辛口の意見を言うと後で嫌味を言われた。幹部層によく見られたいという保身が一番の関心事のように見えた。

C O L U M N

孫子のダメリーダー

忿速《ふんそく》

いつもイライラして、部下を怒鳴り散らしているタイプ
短気で辛抱ができないから、相手の挑発に乗ってしまい馬鹿にされる。
部下には偉そうにするくせに、偉い人に対してペコペコ低姿勢だったりする。

最近話題になった某中古車販売業の副社長がこのタイプに見える。創業者の息子というだけで、若くして偉くなったタイプに多い。心の中には創業者への劣等感があるので、それを隠すために偉そうにしている。実績のない2代目経営者に多い。

廉潔《れんけつ》

体面を気にして清廉潔白であろうとするタイプ
名誉や公正さに固執するあまり、柔軟性がない。過度に自分の正義を押し付けることがある。綺麗事《きれいごと》ばかりで、自分だけ良い子でいようとするリーダー

では、部下はついてこない。プライドが高いから、自分の面子《メンツ》ばかりを気にしているため、常に社内の他の人との比較や駆け引きに神経を使う。

例えば、歴史の教科書では、善隣的な「幣原《しではら》外交」は成功したかのように記述されている。しかし実態は対中国融和外交において、中国に譲歩を続け、満州《まんしゅう》事変の遠因を作ったと指摘している国際政治学者もいる。また当時の日本の安全保障の命綱であった「日英同盟」の廃棄を独断で決めてしまうなど、日本の国益に反する外交を数多く行った。人としてはとても立派な人だったようだが、生き馬の目を抜く国際社会の場においては、その弊害がとても大きかったと思う。理想論で空論である憲法9条の戦争放棄をマッカーサーに進言したのも幣原とされている。この一見清廉潔白なタイプは実は一番世の中に害を与えるのかもしれない。私自身も社内で融通が利かす、変な正義を振り回す人には何度も困らせられた。

COLUMN

孫子のダメリーダー

愛民《あいみん》

過度に優しい、いい人で部下に厳しいことを言えないタイプ

部下に対して情をかけ、思いやりがあるのはいいことだが、大所高所から、是を是、非を非と断じることができない。そのため、いざというときに曖昧《あいまい》なことしか言えず頼りにならない。短期的には部下から慕われることもあるが、長期的には甘やかしたことで軽んじられたり、逆に怨《うら》まれたりすることもある。

幕末の長州《ちょうしゅう》藩主の毛利敬親《もうりたかちか》は、なんでも家臣の言うことを聞いたので、「そうせい侯」と呼ばれた。保守派にも改革派にも「そうせい」と言ったため、家臣たちの間の対立や派閥争いが激しくなり、藩政が混乱した。暗愚な？お陰で伊藤博文《いとうひろぶみ》など下級武士が幕末活躍できたとも言われている。

第2章

一人ひとりが語れる組織へ

大陸から大陸へと気の遠くなるほどの距離をすっとんでいるこの大きな鳥達には、3つの注目すべき特質がある。

第一に、それぞれの個体が持ち回りでリーダーの役割を果たす。

一羽の鳥がずっと群れの先頭に立っていることではない。

第二に、乱気流に対処できるリーダーを選ぶ。

そして第三に、ある一羽が先頭を率いている時は、終始他の鳥は絶えず鳴き声を上げ、そのリーダーへの支持を表明している。

ブルース・ラーソン

リーダーのスタイルは状況で決まる

リーダーシップは生まれつきではない

リーダーシップを小さい頃から発揮している人は確かにいます。幼稚園でも、保育士や周りを仕切っている子供もいます。あたかも生まれつきリーダーシップを持っているかのようです。しかし一方で子供の頃は泣き虫で、いじめられっ子だったのに、大きくなって立派なリーダーになった人も数多くいます。

リーダーシップ特性理論

リーダーシップ理論は1900年代から色々出てきましたが、最初に出てきたのが特性理論です。「行動力」「信頼」「説得力」「決断力」「誠実さ」などの生まれつきの様々な**特質(trait)**を持っている人が、良きリーダーだという説が出てきました。「偉大なリーダーには共通する特質がある」という前提によって、過去の優れたリーダーが持っている特質を明らかにしようとしました。調査の結果、成功しているリーダーが持っている特質は色々あって、全部数え上げると20項目以上の特質が出てきました。この中の5つだけと言うのであれば、重点的にそこを鍛えれば、立派なリーダーが育成できるかもしれません。実際20項目全てを身につけることは不可能です。人には必ず得意不得意はあります。例えば「積極性」と「注意深さ」のように矛盾しがちな特性もあります。リーダーシップの特性には、どんな組織でも応用できる万能な特性はないのです。

リーダーシップ行動理論

1940年代後半から出てきたのは、**行動(behavior)**に着目した理論です。行動は特性や性格と違って人の努力や経験によって変えられ、育成できるという観点が大きく違います。例えば業務(P=目標達成)を重視するスタイルか従業員(M=人間関係)を重視するスタイルかです(PM理論)。2004年の調査では、Consideration(配慮)は、フォロワーの満足度やモチベーションと強い相関関係があり、initiating structure（仕事の構造化）は、リーダー自身のパフォーマンスと強い相関関係があるとしています（入山章栄《いりやまあきえ》『世界標準の経営理論』より）。

状況に応じたリーダーシップ

次に出てきた理論は、成功しているリーダーは、状況に応じてリーダーシップのスタイルを変えることができるという**条件適合理論**（Contingency theory）です。

唯一普遍的なリーダーシップスタイルがあるのではなく、成功しているリーダーは、様々な環境や部下の性質などの条件によって、臨機応変にリーダーシップのスタイルを変える柔軟性と適応力があるという説です。例えば戦場のような非常事態では指示命令型の強いトップダウンが求められます。「狙え、撃て！　突撃！」と一方的に命令する強いリーダーシップが必要です。一方、平時であれば、参謀や部下たちの意見を聞きながら、次の戦闘の準備をする参加型のリーダーシップに切り替えるべきです。

――例えば織田信長、豊臣秀吉《とよとみひでよし》、徳川家康《とくがわいえやす》はリーダーシップスタイルが違います。彼らが登場する順番が違ったり、お互いの置かれている環境が違えば、歴史の流れを変え、それぞれ名前が現代に残るような有名な武将として知られることになったかはとても疑問です。単一のリーダーの型ではなく、その場、その時の状況や部下の様子を見ながら臨機応変に変えられるのが、良きリーダーなのです。

徳川家康は「狸親父《たぬき》」の印象がありますが、戦国時代の若い頃は血の気が多く、勇猛果敢で戦《いくさ》好きで部下に何度も諫《いさ》められています。一旦《いったん》天下を取ると林羅山《はやしらざん》から「四書五経」を学び、「馬上で天下を取ったとしても、馬上で天下は治められない」ことを理解し、リーダーシップのスタイルを変えることができ、徳川260年の礎を築きました。織田信長が狸親父になって「論語」を勉強する姿はあまり想像できません。

メディアではトップダウンのカリスマリーダーがもてはやされていますが、変化の激しい時代において一人のリーダーが全てをこなすことは不可能です。その上このようなトップダウン型のリーダーの下では人は育ちません。部下が何も考えなくなるからです。またどんな素晴らしいリーダーでも、必ず寿命があり衰えていきます。カリスマリーダーがいなくなると業績が急降下する例は、枚挙にいとまがないのです。現代でも長くトップを続けている経営者は、結局後継者をうまく育てるという意味では、失格なのです。

パス＝ゴール理論

条件適合理論（Contingency theory）の中にもいくつかの種類がありますが、私が一番わかりやすいと思う、1970年代にロバート・ハウスが提唱した**パス＝ゴール理論（Path-goal theory of Leadership）**をご紹介します。

パス＝ゴール理論とは、リーダーシップの本質は「メンバーが目標（ゴール）を達成するためには、リーダーはどのような道筋（パス）を通れば良いのかを示すことである」という考えに基づいています。

つまり、「メンバーの目標達成を助けることはリーダーの職務であり、目標達成に必要な方向性や支援を与えることは、メンバーや組織の全体的な目標に適《かな》う」ということになります。ハウスは、まずリーダーシップスタイルを大きく**指示型・支援型・参加型・達成型**の4つに分類しました。

さらに、リーダーを取り巻く状況を、業務の明確さ、経営責任体制やチームの組織といった「**環境的な条件**」とメンバーの自立性、経験、能力といった「**部下の個人的な特性**」の2つの側面から分析しました。リーダーの行動が環境的な要因に対して不適切だったり

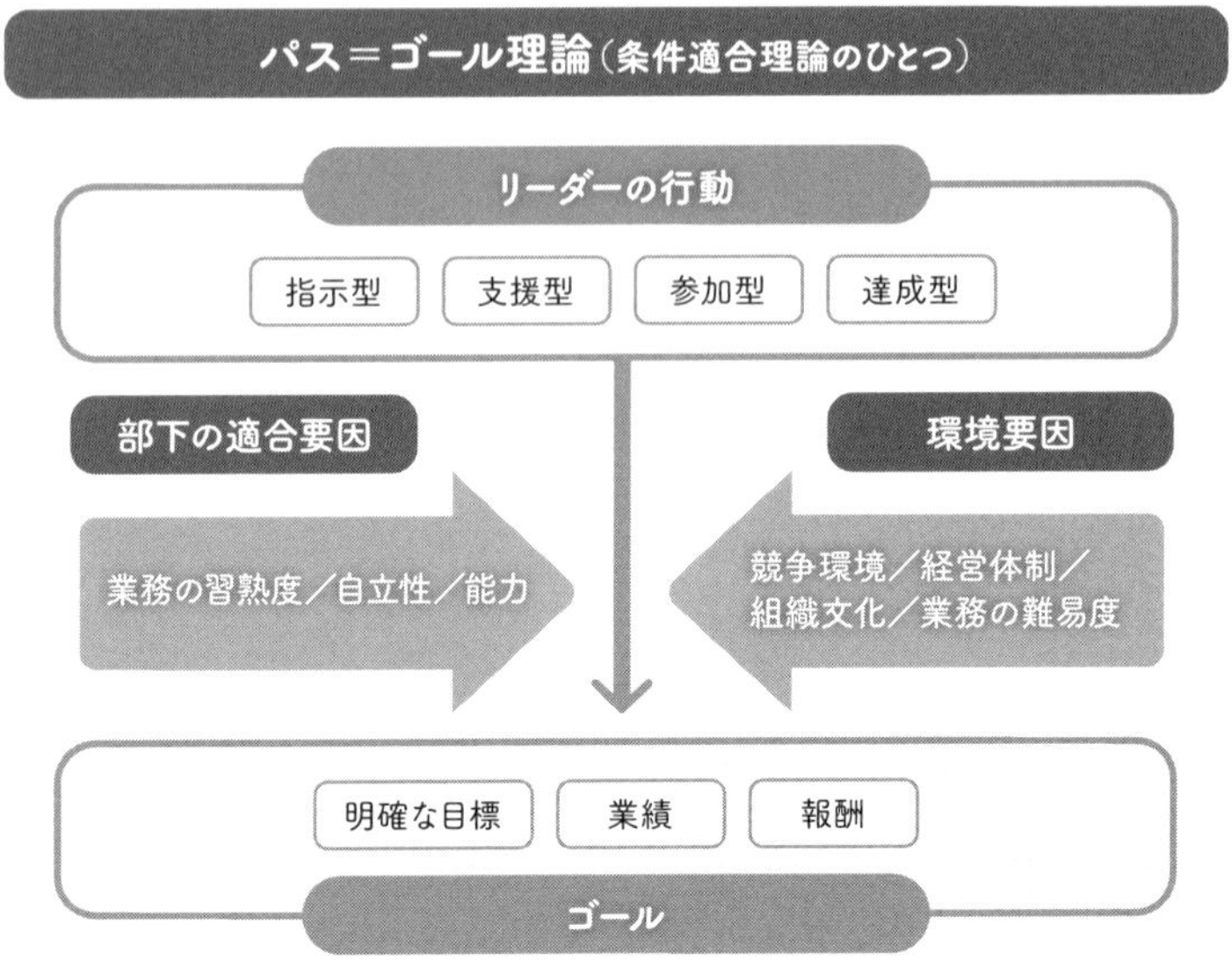

パス＝ゴール理論とは、有能なリーダーは部下の目標（ゴール）を達成するまでの道筋（パス）を示し、必要な方向性や支援を与えるという考え方

（例えば緊急時に明確な指示ができない）、部下の特性と調和しない場合（例えばベテランの職人に細かな指示をする）には、リーダーシップは発揮できず、逆にリーダーの行動が条件に適合している場合に、リーダーシップが発揮できる、としました。

以下4つのリーダーシップスタイルを簡単に説明します。

●指示型リーダーシップ

課題志向が高く、メンバーに何を期待しているかをはっきり指示し、仕事のスケジュールを設定、仕事の達成方法を具体的に指示する。仕事が曖昧《あいまい》で、ストレスを感じさせるような場合に有効とされ、部下の能力が高い、経験が豊富といったケースではその有効性は低いとされます。

自分より業務に習熟している部下に細かな指示をすると当然嫌がられるし、かえって邪魔になってしまいます。逆に新人も「お前に任せた」と言われても困ります。最初は事細かな指示をしてあげるべきです。

支援型リーダーシップ

相互信頼をベースに、メンバーのアイディアを尊重、感情に配慮してニーズに気遣いを示す。部下が明確化された職務を遂行している場合や、指揮命令系統が厳格な場合に効果が高くなるとされます。

やることがはっきりしていて、チームが一丸となっている時は、リーダーはできるだけ邪魔をしないようにすることが大切です。彼らの権限の超えることや困り事が起こった時に支援することが重要な職務です。時々差し入れなんかしてあげると喜ばれるでしょう（笑）。

参加型リーダーシップ

決定を下す前にメンバーに相談し、彼らの提案を活用する。部下が自分の意思決定権は自分にあると認識している場合に有効。この意思決定権が自分にないと思っていると、「指示型」の有効性が高まる。

あまり重要ではない案件や自分がよくわからない分野のことは、多少自分の意見と違っていても、メンバーに任せてしまうと、結果的に良い成果が生まれることが多くあります。人には得意・不得意があります。学ぶ努力はしなくてはなりませんが、不得意な分野は専門家に任せてしまうのがよいでしょう。

●達成型リーダーシップ

困難な目標を設定し、メンバーに全力を尽くすよう求める。仕事の構造が複雑で、曖昧なときに有効性が高くなる。

期限が迫ったプロジェクトの追い込みの時などは、ある意味力ずくで完成させないといけません。こんな時には、メンバーにあまり細かなことを言わず、なりふり構わず前に進むことを求めないといけないかもしれません。

ある統計によると、ほとんどのリーダーは自分のリーダーシップスタイルが決まっています。実際リーダーの54％は1種類のスタイルのみを使い、2種類のスタイルを使っているのは35％、3種類は10％、そして4種類のスタイルすべてを使い分けているのは、わずか1％にすぎませんでした（この1％が理想のリーダーと言えるかもしれません）。効果的なリーダーシップのためには、**リーダーは４種類のスタイルすべてを使いこなせることが理想です。**もし難しいのであれば、状況に最適なリーダーシップを持った人に任せることが大切です。

例えば普段ニコニコしているリーダーが、会社が危機的状況になった時でも、性格上部下達に急に厳しく言えません。そういう時には、部下に厳しいことが言える鬼軍曹のような人に一定期間任せてみることも必要です。一方強いリーダーシップを発揮しているワンマン社長が、いきなり揉《も》み手して、皆の意見を聞きたいなどと言えないでしょう。もし言っても社長は悪い病気にでも罹《かか》ったのかと皆不安になってしまいます（笑）。そういう時は人望のある番頭さんにお願いして意見を吸い上げれば良いのです。

パス＝ゴール理論によると、「環境条件に適合した、リーダーシップ行動パターンを実行できているか」を確認するには、

1．目標を明確に示し、共有できているか
2．目標実現のための必要十分で、具体的な戦略を共有できているか
3．目標を実現する意義や、その成果がもたらす魅力を共有できているか

を判定すればよいとされています。

ハウスはリーダーシップのスタイルを4つに便宜的に分類しましたが、これは組み合わせもあれば、この4つのリーダーシップスタイル以外も必要な時があります。

例えばダニエル・ゴールマンは以下の6つに分類しています。

1. 指令型リーダーシップ（Coercive Leadership）

概要：「私の言うことを実行せよ」というアプローチ

状況：危機的な時や方針転換が必要な時

2. ビジョナリー型リーダーシップ（Visionary Leadership）

概要：「どこに行くべきか、こちらの方向へ」というビジョンを示すアプローチ

状況：新しいビジョンや方向性が必要な時

3. アフィリエーション型リーダーシップ（Affiliative Leadership）

概要：「人々とのつながりや関係性を重視する」アプローチ

状況：チームの士気やモラルを高める必要がある時

4. 民主型リーダーシップ (Democratic Leadership)

概要：「あなたの意見やフィードバックを教えて」という参加型のアプローチ
状況：チームメンバーの意見が必要な時

5. ペースセッター型リーダーシップ (Pacesetting Leadership)

概要：「私がどう実行するか見てそれに追随せよ」という高い基準を設定するアプローチ
状況：高いパフォーマンスが要求される時

6. コーチ型リーダーシップ (Coaching Leadership)

概要：「あなたの成長や成功のために、どのようにサポートできるか」という人財開発を重視するアプローチ
状況：個人の成長やスキルの開発が中心の時

これらのスタイルは独立しているわけではなく、効果的なリーダーシップを発揮するためには、**状況や目的に応じて複数のスタイルを組み合わせて使用**することが大切です。AorBの発想ではなくて、状況に応じてAandBの発想です。

リーダーシップは経験から学べる

1988年にM・W・マッコールは、「リーダーシップは生まれつきのものではなく、いくつかの資質の下で成功や失敗を経験して体得して行くものである」という説を立てました。つまりリーダーシップは、その人の生まれつきの個性（trait）ではなく、後天的に開発でき、教えられるという考え方です。リーダー育成には、「**一皮剝《む》けるような経験**」が大切であり、一般的に成功するリーダーに必要なものは次の体験であるとしています。

● **チャレンジングな仕事にかかわること**
● **極めて良い、あるいは悪い上司が模範となること**
● **困難を乗り越えること**

そしてリーダーシップを獲得するために必要な能力は、**経験から学習する能力**に尽きるとし、「その能力は逆境に飛び込んでいく勇気」や「周囲の変化やフィードバックを受け入れる」（謙虚さ）ことにつながると言っています（第10章参照）。

リーダーになる資質と意志がある有望な若手には、できるだけ早くプロジェクトリーダーに任命したり子会社に出向させて、リーダーの経験を積ませることが大切です。日本の大企業のように出世競争に負けた役員を、姥捨《うばすて》山のように子会社に転籍させていては、有能なリーダーを育てるチャンスをみすみす逃していることになります。

私は43歳で初めて上場企業アトラスの社長になりました。今から思うと失敗の連続でした。その経験が次のザボディショップやスターバックスにとても役に立ちました。社長の経験を重ねることでより成長したと思います。もしもう一度社長をするチャンスがあれば、過去3社の時よりもうまく社長業をこなせると思います。

共感型リーダーは自走式の組織を目指す

新しいリーダー像

ビジョンを掲げて啓蒙《けいもう》するトランスフォーメーショナルリーダーシップとメンバーひとり一人が自動的にリーダーのように振る舞うシェアードリーダーシップが重要と言う研究結果が多く得られている。

（入山章栄『世界基準の経営理論』）

パス＝ゴール理論で、状況に応じてどのようなリーダーシップのスタイルが必要か実際に色々調査すると、４つどころか多くのスタイルが出てきたのでした。あるリーダーシップスタイルが有効なのは、ごく限られた条件であるという研究結果が出て、条件適合理論の限界だと指摘されました。しかしながら経営学者が厳密な社会科学の観点から言っているのであって、私はリーダーシップには、どんな状況でも適用できる唯一普遍的なスタイルはないのだという結論はとても示唆に富んでいると思います。つまり経営は唯一の正解があるサイエンスではなくて、色々な答えが考えられる**アート**なのです。

早稲田大学の入山章栄教授が書かれた『世界標準の経営理論』では、最近のリーダーシップ理論がいくつか紹介されています。

1．トランザクティブ・リーダーシップ（TL）

トランザクティブ・リーダーシップとは部下の意思を尊重し、部下が成功すればきちんとそれに報い、失敗すればそれに対処するという、まさに取引（＝トランザクティブ）のように部下を使いこなすリーダーシップです。「アメとムチ」をうまく使い分けるタイプ。

私個人はこのようなリーダーや組織のもとであまり働きたいとは思いません。典型的な外資系の金融、特にディーラーと呼ばれる人たちが多い組織では有効でしょう。彼らは実績が出れば超多額のボーナス（アメ）が支給されますが、実績が出なければ簡単にクビを切られます（ムチ）。彼らには会社への帰属意識はなく、お金を稼げば、さっさと辞めていきます。

2. トランスフォーメーショナル・リーダーシップ（TFL）

トランスフォーメーショナル・リーダーシップとは、「明確にビジョンを掲げて、自社や自組織の仕事の魅力を部下に伝え部下を啓蒙し、新しいことを奨励し、部下の学習や成長を重視する」リーダーのことです。

(1) 組織のビジョン・ミッションを明確に掲げ、部下の忠誠心を高める
(2) ビジョンを通じて事業の将来性や魅力を表現し、部下の意欲を高める
(3) 新しい視点を次々と提示し、部下の好奇心を刺激する
(4) 部下一人ひとりと真摯《しんし》に向き合い、その成長を後押しする

トランスフォーメーショナル・リーダーシップは、「『不確実性の高い事業環境』下にある企業においてはその業績を高める」のに対し、「事業環境が安定している（不確実性が低い）ときには、むしろ企業業績を押し下げる」という研究結果があるようです。

相対的にトランザクティブ・リーダーシップより、トランスフォーメーショナル・リーダーシップの方が業績は良いとされています。私が推奨する共感型のリーダーに近いと思われます。

共感型リーダーに近いトランスフォーメーショナル・リーダーは、女性が多いと言われています。これからは、強いカリスマ的な父性型リーダーから優しく包容力があり、人の話をよく聞いてくれる**母性型リーダー**が求められているだと思います。

パートナーシップ・リーダーシップ（PL）

組織が順調にいっている時の理想的な上司・部下の関係のリーダーシップは、**パートナーシップ**です。どちらがリーダーでどちらがフォロワーかその時々によって、阿吽《あうん》の呼吸でその役割が入れ替わるようなリーダーシップスタイルです。30年連れ添った夫婦のように、共通の目標に向かって協力する2人が信頼関係で結ばれている時、リーダーとその部下は、相互に影響し合う機会に恵まれています。そのとき手掛けている仕事の内容、それを処理する能力、仕事への意欲に応じて、リーダーシップは両者のあいだを行ったり来たりします。仕事をどのように進めていくかを決めるにあたって、両者が得意な部分でリーダーの役割を果たす。つまりリーダーとフォロワーでリーダーシップを分け合うのです。まさしく組織が安定している時には、共感型のリーダーの理想的な姿です。

例えば、ホンダの創業者の本田宗一郎《ほんだそういちろう》（技術）さんと藤沢武夫《ふじさわたけお》（経営）さん、ソフトバンクの孫正義（ビジョン）会長と宮内謙（経営実務）副社長、あるいはスターバックスのハワード・シュルツ（マーケティングの天才）、ハワード・ビーハー（高い人間性）、オーリン・スミス（財務のプロ）の3人の関係性かもしれません（それぞれのイニシャルをとってH_2Oと社内で呼ばれていました）。お互いの強みを活《い》かせるよう、そして弱みを補い合える関係性を築いていたと思います。もちろん表に出てくるのはトップだけですが、実際はメンバー間でリーダーシップを分け合っていたので、大成功したのだと思います。

シェアード・リーダーシップ（SL）

シェアード・リーダーシップ（Shared Leadership：SL）とは、パートナーシップ・リーダーシップをより広くメンバーに当てはめて、チームメンバー全員がリーダーシップを発揮し、リーダーの役割を共有している組織の状態です。SLは、近年ビジネス業界で注目されている考え方で、環境が変化しやすい時代においては、複数人がリーダーシップを発揮し、多様な考え方や価値観に基づいて業務を行うことが有効とされています。

SLを取り入れると、チーム全体のモチベーションが向上するだけでなく、プロジェクトを円滑に進行させることができ、チーム全体のパフォーマンスを高めることができます。

またチームメンバー一人ひとりが「**組織のミッションを自分のことと考え**」ており、グループ内の知識の融合が積極的に行われ、リーダーシップを取ることで、高い成果が得られます。これからはリーダーは一人ひとりのメンバーに「**自分のビジョンは何か**」「**自分は何をしたいのか**」を語らせることが大切です。

SLの特徴や利点には以下のようなものがあります。

- **柔軟性**：状況やタスクに応じて最も適切なリーダーが選ばれるため、チームは迅速に対応することができる。
- **エンゲージメント**：チームメンバー全員がリーダーシップの一部を担当するため、メンバーの参加意識やモチベーションが高まることが期待される。
- **専門知識の活用**：メンバーがそれぞれの専門分野でリーダーとしての役割を果たすことで、チーム全体の知識やスキルが最大限に活用される。
- **リスク分散**：一人のリーダーがミスをすると、その影響は大きくなることがありますが、リーダーシップを分散することで、リスクも分散されることが期待される。

ただし、SLを効果的に適用するには、**質の高い明確なコミュニケーション**やメンバー間の信頼が必要です。また、各メンバーがリーダーシップを取ることに慣れていない場合、最初は混乱や摩擦が生じることも考えられます。

サーバント・リーダーシップ

「サーバント・リーダーとは、第一に奉仕する人だ。それは自然な感情として湧き上がり、人に奉仕したい、まず奉仕したいと思わせる。権力、影響力、名声、富を欲したりはしない」

——ロバート・K・グリーンリーフ

危機的状況や組織変革の時は、リーダーは強いリーダーシップを発揮することが必要ですが、変革が進み組織が自走し始めたら、強いトップダウンから、支援やコーチング的なリーダーシップスタイルに変えていくことも必要です。これがいわゆるサーバント・リーダーシップです。

ロバート・K・グリーンリーフは1970年にサーバント・リーダーという言葉を考案しました。

「サーバント・リーダーの真の試金石は、そのリーダーの周りに居る人々がより懸命に、自由に、自立的に、健康に、有能になって、自らもサーバント・リーダーになっているかということである」

サーバント・リーダーを提唱したグリーンリーフは以下10の要素に分類し、サーバント・リーダーが持つべき資質を明示しました。

1. **傾聴**（Listening）自分の内なる声と他人の望みに耳を傾ける。
2. **共感**（Empathy）傾聴のために、他人の気持ちを理解し共感する。
3. **癒《いや》し**（Healing）自分と他人を癒し、完全な状態にする。
4. **気づき**（Awareness）自分とチームを知り、気づきを得る。
5. **説得**（Persuasion）権力や服従に頼らずに他人を説得できる。
6. **概念化**（Conceptualization）目標や志向などを組織の制度にもたらす。
7. **先見力、予見力**（Foresight）過去と現在を分析し、未来を見定める。
8. **執事役**（Stewardship）大切なものを託せるという信頼を得る。
9. **人々の成長に関わる**（Commitment to the growth of people）構成員の成長に貢献する。

10. コミュニティづくり（Building community）メンバーの中にコミュニティを形成する。

サーバント・リーダーシップという言葉から、常にメンバーに言われるがままに尽くすのだという誤解が生じやすくなってしまいます。

サーバント・リーダーといえども、しっかり方向性（ビジョン）を定めないといけません。サーバント・リーダーも魅力的でエキサイティングなビジョンを掲げ、それを皆に浸透するまで繰り返し、繰り返し伝え続ける必要があります。

ビジョンを示せないサーバント・リーダーはただのサーバント（召使い）になってしまいます。日本の管理職に多いのはこのタイプです。「人の良いおっちゃん」ではダメです。サーバント・リーダーは、リーダーとして方向性（ビジョン）を示しながら、実際にその**実行にあたっては、サーバントになる**のです。部下の目標達成を助けるのが、自分の役割と考えています。どうすれば部下が成功できるのかと絶えず考えています。

共感を得るサーバント・リーダーになるためには、「謙虚さ」を持つことが必要です。『ビジョナリー・カンパニー2』の中で述べられている「第5水準のリーダー」もサーバント・リーダーの特質を備えています。ビジョンを達成するための強い意志を持ちつつも、とても謙虚なリーダーです。うまく行けば窓の外を見てメンバーのお陰だと感謝し、うまくいかなかったら鏡を見て自分の力が足りなかったことを反省します。

実際にはこの反対で、あまりに多くのリーダーが地位や権力を私物化して勘違いしています。

「サーバント・リーダーシップの能力を持つ人は、〈組織〉全体に散らばっていなければならないことを認識しておくべきだ。（中略）真のリーダーシップとは、極めて個人的なものでありながら、本質的には集団的なものなのだ」

——ピーター・センゲ

私が社長をしていた時、お店回りや社内を散歩しながら、いろいろな人に「何か困ったことない？」を口癖にしていました。通常社長からいきなり聞かれて、すぐ答えることは少ないと思いますが、「実は……」みたいな話が出てくるのは、普段からよほど困っていることだと思います。

例えばスターバックスでは、あるお店でバックルームの排水溝の臭いがずっと気になっているとの相談を受けました。その場で本社の設備担当に調査するようにお願いしたとともに、その部門の責任者に同じような設備の構造になっているお店は全部点検するように指示をしました。ある意味御用聞きみたいなことをやっていました。多分陰では、社長がそんな細かなことまで指示をするのはおかしいという批判もあったと思います。しかし私は、あるお店で問題があるなら、必ず同じようなことが他のお店でもあるのではないかと考えていました。私は勝手に「ゴキブリ理論」と名付けていました。1匹ゴキブリを発見すると30匹はいるとよく言われています。

「リーダーシップとは愛です。与えられた使命を愛すること。顧客を愛すること。部下を愛すること。そして自分自身を愛するがゆえに、他人が偉大になれるように身を引くことができるということです」

——マージー・ブランチャード

「リーダーとは、羊飼いのようなものであり、最も機転のきくものに先頭を歩かせ、残りのものをそれに従わせ、リーダーは群れの一番後ろにいる。誰も後ろから導かれていることに気づかない。ただ何か危機が起こったときには、リーダーが先頭に立ちリードする必要がある」

——ネルソン・マンデラ

押さえておくべきリーダーシップスタイル

私が押さえておくべきと考えるリーダーシップスタイルをまとめておきます。基本的には状況に応じていくつかのリーダーシップスタイルを使い分けることができるリーダーが共感型のリーダーです。

シチュエーショナル・リーダーシップ

最適なリーダーシップスタイルは、組織の状況やメンバーの特性によって異なると考えます

トランスフォーメショナル・リーダーシップ

ビジョンと情熱をもってチームを鼓舞し、変革を推進することに焦点を当てています

シェアード・リーダーシップ

権限と決定権が一人のリーダーに集中するのではなく、チームやグループ内で共有されるべき

サーバント・リーダーシップ

権力や地位を求めるのではなく、チームメンバーやコミュニティのニーズに応え、支援することに重点を置く

オーセンティック・リーダーシップ

自分自身と他人に対して正直であり、個人の価値観と行動が一致していることを重視する

自分らしいリーダーシップ（オーセンティック・リーダーシップ）

最近注目されているのがオーセンティック・リーダーシップです。誰かの真似ではなく、自分自身の価値観や信念に根ざしたリーダーシップです。そのためには自己認識（セルフ・アウェアネス）がとても重要となります（第9章「岩田流ジョハリの窓（自己意識）」を参照）。私は「自分らしさ」を大切にしながら、いろいろなリーダーシップを使い分ければ良いと思っています。そういう態度が人々からの共感を得られるのです。

私がスターバックスの社長になって数ヶ月ぐらいして、日本の創業者の角田雄二《つのだゆうじ》さんに呼ばれて、

「岩田さん、一歩下がって他の役員の意見もよく聞いてあげてください」

と注意を受けました。私自身そんなに強いリーダーシップを発揮していたとは思っていませんでしたが、他の役員からはそう見えていたのでしょう。

その2週間後、シアトルの本社にビジネスプランの説明に行った時、創業者のハワード・シュルツに呼ばれて、

「マツオ、一歩前に出てみんなを引っ張ってくれ」

と言われました。多分アメリカから日本に来ている役員が、ハワードにそう言ったので

しょう。私は困惑してしまいました。雄二さんはいつもニコニコして腰が低く、皆を手の上でうまく回していくようなリーダーでした。ハワードはとてもカリスマ性の強いトップダウンのリーダーです。それまで自分の中では、新米社長でのいろいろな遠慮もあり、手探りの状態でもありました。私はその時に、自分は雄二さんにもハワードにもなれない。**自分らしいやり方**でやって行こうと腹を括《くく》りました。そこからワンモアコーヒーなどの施策がヒットし、V字回復していくことになりました。

まさしくこれは今流行しつつある「**オーセンティック・リーダーシップ**」を目指すということです。人真似ではない自分らしいリーダーシップを発揮すれば良いのです。ですから、ある時は「自分らしいシチュエーショナル（条件適合）・リーダーシップ」を、別の時には「自分らしいサーバント・リーダーシップ」を発揮すれば良いのです。

信頼と支持の関係

これからの社会環境の劇的な変化や複雑性への対処、ネットワークテクノロジーの進化によって、ますます組織をフラット化し、機動的にしなければなりません。そのために、部下に自らが意思決定を行うだけの自信と権限を持たせなければなりません。一人ひとりをリーダーに仕立て上げるのが重要な仕事になっていきます。そのためにはリーダーが部下の言うことに、意識的に耳を傾ける必要があります。今までの「命令」と「支配」から、**「信頼」**と**「支持」**の関係になっていかなければならないのです。つまり**共感し合う**関係性にならなくてはいけないのです。

リーダーはチームメンバーをモチベート（動機づけ）し、できるだけ多くの人が意思決定できる能力を持つ必要があります。リーダーが一人で問題を解決するには、環境が複雑になり、仕事が高度になりすぎ、大量の情報があまりに広く流布されるようになったため、リーダー一人ではその情報をキャッチし対処できないからです。

そのため従業員の知識と技能に応じて権限と責任を分担する意欲と能力が求められています。すなわち、組織の至る所でリーダーシップが発揮されることを容認（エンパワーメント）し、奨励するいわゆる**「自走式の組織」**を目指すのです。

信頼されるリーダー

「リーダーは好かれなくても良いから、信頼されなければならない」

信頼とは組織に欠かせないものであり、組織が機能するための潤滑油です。

——野村克也《のむらかつや》

ウォレン・ベニスによると、信頼を生み、それを維持するリーダーには、次の4つの要素が備わっていると言っています。

1.「一貫性」

リーダーは時に意外な事態に見舞われるが、リーダー自身が組織を驚かせることはない。リーダーは常に首尾一貫しており、初志貫徹をモットーとする。

2.「言行一致」

リーダーは言ったことを実行する。真のリーダーは自分が支持する理論の通りに生きている。

3.「頼りがい」

リーダーは重要な時にはいるべき場所にいる。ここぞという時には、いつでも仲間を支援する準備がある。

4.「誠実さ」

リーダーは過去に誓ったことや約束したことを必ず守る。

信頼とは、責任、行動を予測できること、頼り甲斐《がい》があるといった意味を含んでいます。嘘をつかないことは信頼を得るためには最低限必要なことです。

信頼は、組織が誠実さ（インテグリティ）を維持するための接着剤でもあります。このインテグリティは、前章の定義にもあるように、信念と行動と言葉が合致している組織です。また自分の立場を明確にして、それを貫くことで信頼は得られやすくなります。共感型リーダーは、組織にもこのインテグリティを求めます。

第2章のまとめ

- 共感型リーダーは誰にでもなれる。
- リーダーに求められる資質は様々なものがある。
- リーダーシップのスタイルは、状況に応じて変化させなくてはならない。
- 共感型のリーダーは、特に信頼を得るためにビジョンを適切なコミュニケーションの方法で熱く語らなければならない。
- 共感型リーダーは、トランスフォーメーショナルな面とシェアード・リーダーシップの両面を持った信頼されるリーダーである。
- 共感型リーダーは母性的なリーダーである。
- 誰かを真似るのではなく、自分らしいリーダーシップを発揮すれば良い。
- 共感型リーダーは組織にもインテグリティを求める。

次章では、共感型のリーダーが最初に考えるべき、組織のMVV（ミッション・ビジョン・バリュー）についてお話しします。人々の共感を得るようなMVVを作成し、それを組織に語り、徹底していくことがリーダーの一番大切な仕事です。リーダーは組織の方向性であるビジョンをしっかり語らなくてはなりません。

COLUMN

そもそもなぜリードするか？

ハーバード・ケネディ・スクールのロナルド・A・ハイフェッツ教授は要約すると以下のように述べています。

「なぜリーダーにならなくてはいけないのか？」

その答えは、「何があなたの人生に意味を与えるのかを発見することによって見つかる」。「多くの人にとって、生き延びることだけでは目的としては十分ではない。もし生存すること自体が目的であれば、きっと最後にはうまくいかなくなるだろう。永遠に生きられるわけではないためだ。しかし、この明白な事実を受け入れるのは、たやすいことではない」。

この内容はリーダーについて述べているが、組織にとっても同じだ。

「リードという言葉は、インド・ヨーロッパ語族の『前進するために死ぬ』を意味する言葉に由来する。（中略）『最後には死はあなたを捕まえるだろう』。永遠であるものは何もない。重要なことは、可能な限り、人生を意味あるものにすることである」。

「リーダーシップは、ともに暮らし、ともに働く人々に貢献するという、1

人の人間の願望によって駆り立てられるものだった。
したがって『なぜリードするのか』という質問に対する答えは、単純かつ深遠である。人類の経験上、人生の意味の最も重要な源は、他人との絆《きずな》を渇望することからきている。リーダーシップを発揮することは、人生において、友人や仲間に認められること、物質的な利益を得ること、身近な成功に喜ぶことといった日常の利害を超えた意味を与える。なぜなら実際にリーダーシップを発揮することによって、他人と意義ある形でつながることができるからである。その絆を表す言葉は『愛』である」。

（ロナルド・A・ハイフェッツ『最前線のリーダーシップ』）

EMPATHETIC
LEADERS

第3章

ミッション・ビジョン・バリューを語る

行動を伴わないビジョンは、単なる夢。
ビジョンのない行動は、ただの暇つぶし。
ビジョンと行動がそろって、
はじめて人生を変えられる。

ローター・J・ザイヴァート

なによりもまず、ミッションから始めよ

何のために企業は存在するのか？

共感型リーダーになるためには、まず皆がワクワクする夢のあるビジョンを語ることが大切です。同時に組織のミッション（存在理由）やバリュー（価値観・行動指針）も示していかなくてはなりません。

『いかなる存在か』を示すリーダーは、組織の活力を生み出さずにはおかないビジョンを提示する。かかるリーダーは、組織の使命に基づいて人々を動かし、先の見えない時代においても、彼らに力を発揮させる。使命に基づいて力を結集すれば、従業員やチームはその使命を全うしようとする。仕事の場が自己実現の場となり、仕事の域を超えた意義が見出《みいだ》される。『いかなる存在か』を示すリーダーは、一貫して使命に

焦点を合わせることにより、組織内の多様なリーダーに、明確な方向感覚を持たせ、仕事に意義を見出させる」

——フランシス・ヘッセルバイン

企業であれ、NPOであれ、必ずその**組織の存在理由（ミッション）**があります。私は、**企業は「世の中をよくする」ために存在する**と思っています。決して株主利益のためだけに、企業が存在しているのではありません。崇高な理念やミッションがなければ、短期的には成功しても、従業員にも顧客にも共感してもらえません。短期的利益ばかり追う株主資本主義は、行き詰まりを迎えています。投資ファンドも最近ようやくそのことに気がつき、社会課題解決型企業やSDGsを意識した投資先を選んでいます。

スターバックスは人々に潤いを与えるために存在し、その手段としてコーヒーや快適な店舗環境や、パートナー達の笑顔を提供しているのです。単なる金儲《もう》けのためにスターバックスが存在しているわけではありません。

「医薬品は人々のためにあるのであり、利益のためにあるのではないことを決して忘れてはならない。［中略］どのようにすれば全ての人々に最良の医薬品を届けることができるだろうか。その答えを見出し、最高の成果を全人類にもたらすまでは休むことはできない」

――ジョージ・W・メルク（メルク2代目社長）

世の中に存在している企業は、商品やサービスを通じて、必ずどこかで誰かの役に立っています。つまり企業は「世の中をよくするために存在している」のです。それを明文化したのがミッション（パーパス・経営理念）です。自分たちが「誰に」対して「何を」「どのように」役立っているのかを明文化したものがミッションです。

「私たちは生体工学技術を応用し、人々の痛みをやわらげ、健康を回復し、生命を延ばす医療機器の研究開発、製造、販売を通して人類の福祉に貢献します」

（メドトロニックのミッション）

ミッション・ビジョン・バリュー（MVV）を組織全体に示す

「ミッションは人々に、長い道のりを歩んでいくための情熱と忍耐を吹き込んでくれる」

――ピーター・センゲ

共感型リーダーは、まず組織のミッション（Mission）・ビジョン（Vision）・バリュー（Value＝行動指針）（ＭＶＶ）を確認し、それをしっかり示す必要があります。もし組織にＭＶＶがない場合は、それらを作成することから始めるべきです。もちろん創業したてのベンチャー企業などは、事業が軌道に乗るまでは、そんな余裕はないかもしれません。自分達の「創業の思い」だけでも明記して、徐々にＭＶＶの形を整えていけば良いと思います。

１９４６年（昭和21年）１月、ソニーの創業者の一人、井深大《いぶかまさる》（ファウンダー・最高相談役）が起草した「東京通信工業株式会社設立趣意書」がとても有名です。

冒頭部分に、

「……これは、技術者たちが技術することに深い喜びを感じ、その社会的使命を自覚して思いきり働ける安定した職場をこしらえるのが第一の目的であった」

と設立の趣旨が明記されています。

社長より上位にあるのがMVV

組織メンバーはリーダーに組織の存在理由（ミッション）と方向性（ビジョン）を求めています。方向性を定めるときは、人々を巻き込んで作成する必要がありますが、MVVを確立し維持して行く最終的な責任は、リーダーにあります。MVVづくりはリーダーの最も重要な責任の一つであり、会社単位であれ、部署単位であれ、チーム単位であれ、組織のパフォーマンスを左右する分かれ目です。

組織の全員がMVVに積極的に取り組むように促すことが、リーダーの大きな役割です。MVVがトップを含めた全社員の様々な意思決定の拠《よ》り所となるべきです。

「メドトロニックの使命――人々を充実した生活に復帰させる――……その使命という光は、北極星のように2万5千人の従業員を照らし、各人が体内に持つ羅針盤を使って、近づくべき規範を常に与える」

――ビル・ジョージ（メドトロニック元CEO）

人々がMVVを実現するために様々な障害を取り除き、会社の方針や慣行やシステムを変え、MVVに忠実に行動できるようにすることがリーダーの役割です。そうすれば、人々はリーダーにいちいちお伺いを立てるのではなく、自発的にMVVを拠り所として、自由に動けるようになっていきます。いわゆる究極的にフラットな「**ティール組織**」に近づいていきます（※ティール組織とは、個々の社員に意思決定権があり、社員の意思によって目的の実現を図ることができるフラットな自走式組織形態）。

私はよく社長時代に、「社長に忠誠を尽くす必要は全くない。会社のミッションやバリューには忠誠を尽くしてほしい。社長の私自身が背くことがあれば、遠慮なく指摘をしてほしい」と言っていました。国単位で言えば、MVVは憲法のようなものです。国のトップである総理大臣といえども憲法には従わないといけません。それと同じです。オーナー系企業にはそれを忘れて俺がミッションだと言う人が多くいます。会社を私物化してはいけないのです。

しっかりとしたMVVがあって、組織に浸透していけば、単に利益や株価を上げるためだけではない偉大な組織になっていきます。素晴らしいMVVは、自分達の仕事に対する誇りと意義を喚起し、自分達が素晴らしい組織に属しているのだという自負心を生み出し、仕事に対するコミットメントが増します。**MVVは、すべてを正しい方向に向かわせてく**

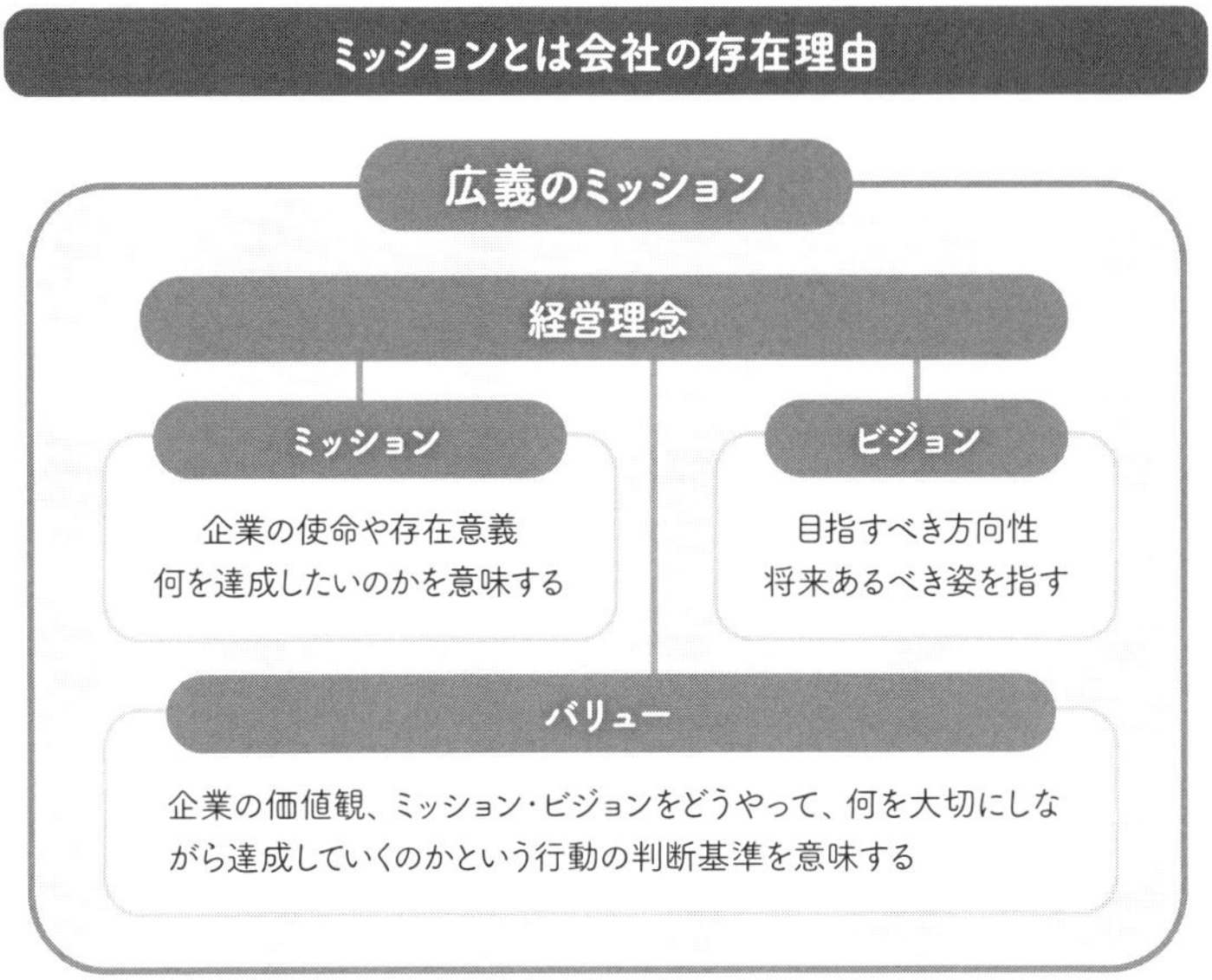
ミッションとは会社の存在理由
広義のミッション
経営理念
ミッション
企業の使命や存在意義
何を達成したいのかを意味する
ビジョン
目指すべき方向性
将来あるべき姿を指す
バリュー
企業の価値観、ミッション・ビジョンをどうやって、何を大切にしながら達成していくのかという行動の判断基準を意味する

どの言葉を使っても良いが、きちんと言葉の定義をして使うことが大切

れる羅針盤となっていくのです。

ＭＶＶは、一言で言うと「**自分は何者で（Mission）、どこへ向かい（Vision）、何を指針（Value）にしているかを示す**」ことです。これらは互いに補完しているので、私は三つをまとめて経営理念としています。ただＭＶＶをまとめてビジョンと言っている経営学者も多数います（ジム・コリンズ、ケン・ブランチャード他）。

ＭＶＶの定義については、経営学者間でも皆違っていますので、これが正解というのはありません。それぞれの言葉の定義をしっかりした上で使うことがとても大切です。最近は「パーパス」という言葉もよく使われています。英語のニュアンス的に、**ミッションは（神から）与え**

られたものであり、パーパスは自ら定めたものという響きがあるようですが、基本的に同じ意味だと考えて問題ないと思います。本書では「ミッション」に統一します。

「何よりもリーダーは、自分たちが達成しようとしているのは、リーダーの個人的な目的ではなく、組織の欲求と活動から生まれた、全員が共有できる目的だということを、皆が納得できるようにしなければならない」

――メアリー・パーカー・フォレット

京セラ創業者の稲盛和夫《いなもりかずお》さんは、もともと京セラを仲間のすすめもあって「自分の技術を世に問うため」に創業したのです。それなのに創業3年目に若手社員からストをも辞さない待遇改善要求を突きつけられました。三日三晩話し合った結果ストは回避できたのですが、稲盛さんは考え込んでしまいました。

会社は自分の思いを実現するためのものではなく、何よりも社員の生活を守り、幸福な人生をもたらすために存在していなければならない。それこそ会社の使命であり、経営の意義であると悟ったのです。さらに企業は社会の公器であるとし、人類、社会の進歩発展に貢献することを加えました。そのため京セラの経営理念は、「**全従業員の物心両面の幸福を追求すると同時に、人類、社会の進歩発展に貢献すること**」と制定されました（稲盛和夫『心』）。

MVVについては、色々な定義がありますが、私が一番適切と考える定義を以下述べます。

まず**ミッション（Mission）**とは、企業の使命や存在意義、何を達成したいかを意味するものです。組織の存在理由つまり自分たちは何者であるか？　の答えです。

ビジョン（Vision）とは、目指すべき方向性、将来あるべき姿のことです。元々「Vision」は「見る」という語源から来ていますので、将来どういう姿になりたいかイメージできる姿です。一般的には5年から10年の範囲を示します。

バリュー（Value：行動指針）とは、企業の価値観、すなわちミッションやビジョンを、どうやって、何を大切にしながら達成していくのかという行動の判断基準を意味します。

私はスターバックスの社長になった時にスターバックスのミッション（人々の心を豊かで活力あるものにする）とバリュー（お互いに尊敬と威厳をもって接し、働きやすい環境をつくる。第4章参照）に対して、これを変えようと思ったことは一度もありません。自分は創業者ではないし、日本というリージョンのトップに過ぎないからです。もちろん一番の理由はスターバックスのミッションやバリューを心から素晴らしいと思って

いたからです。

それで私が掲げたビジョンは「100年後も輝くブランドにする」です。私が社長をしている間は、スターバックスが100年後も輝くブランドになるよう目指していきたいという思いでした。

私は究極的には**「ミッション」というのは組織に帰着し、「ビジョン」はトップに帰着し、「バリュー」はメンバーに帰着**するのだと思います。だから私はミッションやバリューを変えようと思わなかったのかもしれません。

共感できる言葉を持つ

言葉の定義が大切

私も興味があって様々な会社の経営理念やミッションを調べてみましたが、多くの会社が上記の定義と違った使い方をしています。それはそれで良いのですが、言葉の定義を明記している会社が非常に少ないのです。これらの抽象的な言葉を定義することなく使えば、必ず誤解が生じます。また人によって違った解釈が生まれます。何よりも組織に浸透しにくいでしょう。どんな言葉を使っても良いのですが、しっかり言葉の定義から始めるべきです。

『ビジョナリー・カンパニーZERO』やハーバードビジネスレビューなど多くの経営書を見ても、独自の定義を与えています。ですから何が正解というのではないのですが、自社に一番フィットする言葉を使い、きちんと定義することが一番大切です。

ケン・ブランチャードによると**「説得力のあるビジョンとは、自分が何者であり（目的：Purpose）、どこに向かい（望ましい未来のイメージ：狭義のビジョン）、その旅路を導くのは何か（価値観：バリュー）を教えてくれるものだ」**と言っています。彼はＭＶＶを合わせたものが説得力のある（広義の）ビジョンと定義しています。

現代の経営学者たちは、なんとか経営学をサイエンスにするために統計分析やメタ・アナリシスなどで数値化しようとしています。中には参考になるものもありますが、ほとんどが経営者から見ると役に立たない分析（もしくは自明のこと）ばかりです。特に日本の経営学者にその傾向を強く感じます。そもそも「リーダー」や「ＭＶＶ」の厳密な定義がありません。言葉の定義もはっきりできないのに、サイエンスになるはずがないのです。私はドラッカーの言う通り**経営学はサイエンスではなくアート**だと思います。ですから物理や化学のように厳密な一つの答えがあるわけではないのです。もちろん数字を扱う会計学や統計学はサイエンスたり得ます。人を扱うマネジメントの分野はアートだと思います。例えば物理学では１メートルを「真空中で光が１／２億９９７９万２４５８秒間に進む距離」と厳密に定義しています。

なぜミッションが大切か？

ミッションの大切さについては、主に次の4つが挙げられます。

1．社会は常に変化しており、「想定外」の連続です。すべてのケースを事前に想定して、マニュアルを作成することは到底不可能です。「想定外」の時には、原理原則であるミッションに戻って、確認し判断することができます。判断を迷った時に、いちいち社長にまで確認するようなことはできません。その時に個々人がMVVに従って判断すれば良いのです。ミッションを実現する手段が戦略や戦術で、これは環境の変化に合わせてどんどん変えていくべきものです。ミッションも、20年、30年という単位では変わって良いと思っています。

例えば損保ジャパンの経営理念は「安心・安全」でした。それを実現する手段として損害保険を販売しているのです。損害保険のだいたい6割が自動車保険です。今は科学技術がどんどん発展していて、AIが発達して自動運転が普及しはじめています。自動運転が普及すれば、理論的には事故は起きなくなりますから、損害保険に対するニーズはなくなります。
そこで損保ジャパンは、「安心・安全」を達成する手段として国内の生命保険会社を買収し、さらに海外のこれからモータリゼーションが起こるような発展途上国の損害保険会社を買収しました。さらに「安心・安全」という経営理念に「健康」を付け加えました。経営理念そのものを見直したということです。そして、ワタミの介護事業を買収しました。大きな環境の変化に対応してミッション（経営理念）そのものを見直した例です。

2．企業や組織に集まる人達は、それぞれ違った価値観を持っています。そんな人達を同じ方向に向かわせるには、目印となる明確なゴール・旗印・北極星が必要になります。例えば会社として「お客様が第一」としているのに、お客様より金儲けを優先する人がいるには困ります。ただこの価値観の共有というのは、その人がその組織のメンバーである時だけで良いのです。就業時間内においては、その組織のMVVに従ってもらわなくてはならないのです。もちろんアフターファイブは、それぞれの価値観に従って行動してもらえば良いのです。プライベートの個人の価値観まで強要すれば、それは新興宗教になってしまいます。

ミッションはなぜ大切か？

ミッション

原理原則としてのミッション

社会は常に大きく変化。すべてのケースを事前に想定してマニュアルは作れない。その時に必要なのは原理原則

共通のゴールとしてのミッション

いろいろな価値観を持った人たちを同じ方向に向かわせるには、目印となる明確な共通のゴールが必要

ミッションに共鳴した人が集まる

ミッションを高く掲げれば、そのミッションに共鳴した人たちが入社してくる（最初から目指す方向が同じ）

ミッションがモラルを高める

ミッションとは通常崇高なもの。それが実現できていると社員が感じるとモラルがとても高くなる

⬇

離職率が下がる

3．ミッションを高く掲げることによって、それに共鳴する人たちが集まりやすくなります。もちろん理念教育、ミッション教育は必要ですが、あまりに価値観の違った人が組織に入ってくると、会社も本人も不幸になってしまいます。例えば、人のために何かしてあげたいと思わない人はサービス業に向いていないでしょう。「この旗の下に集まれ」というのがミッションです。

私がスターバックスの入社を決めたのは元々のファンであることもありますが、「人々の心を豊かで活力あるものにする」というミッションがとても気に入ったからです。前任の社長が私を皆に紹介する時に、「岩田さんは、スターバックスの価値観をしっかり持った人だから私は選びました」と言ってくれました。つまりMVVに賛同してくれる人が集まってくれるのです。

4．ミッションとは、通常とても崇高なものです。それを共有していると、自分たちの仕事の意義を感じ、特別な組織に属しているという誇りにつながります。社員のモラルが高くなり、結果的に離職率が下がります。

例えば、スターバックスではアルバイトに80時間の研修を行います。コーヒーの淹《い》れ方や豆の種類の勉強とともに、多くの時間をミッション教育に充てています。ほとんどのパートナーはスターバックスのミッションに共鳴し、その実現にコミットしてくれています。一般的に小売業は離職率が高く40％を超えるとも言われています。しかしスターバックスでは、よほどのことがない限り人は辞めません。離職率が低いからアルバイトにまで80時間の教育投資ができる。教育投資をするから、成長意欲の高い人は辞めません。辞めないから、また教育投資ができるという良い循環が回っているのです。

登山家のMVV

MVV（ミッション・ビジョン・バリュー）はとても抽象的な概念です。非常に理解が難しいと思います。それらの理解を助けるために「登山家」を例にとって説明してみましょう。

まず登山家のミッションは「山に登ること」です。登山家である限り、これは永遠に終わりのないものです。「山に登る」ことが、登山家の「存在理由」です。もし山に登ることをやめたら、もう登山家ではなくなります。つまり登山家としての存在理由がなくなるのです。もし潜水士になれば、「海に潜ること」がミッションになります。

登山家のビジョンは、「5年後に富士山《ふじ》頂に登頂する」といったものです。富士山の五合目から上がっていって、早朝山頂でご来光に手を合わせている姿がイメージできます。こうなりたいとイメージできるのが、ビジョンです。そのビジョンが達成できれば、「10年後にエベレストに登る」という次のビジョンが見えてきます。ベースキャンプから登っていって、猛吹雪の中で日の丸を立てて、涙を流している姿がイメージできます。元々ビジョンという言葉は「ビジュアル」から来ていますから、具体的にイメージできる姿です。一番有名なビジョンとしては、ケネディ大統領が1961年に演説で述べたアポロ計画についてのビジョンです。

「我が国は、1960年代が終わる前に月に人を着陸させ、かつ、安全に地球に帰還させるという目標の達成に携わるべきである」

このビジョンはとても有名ですが、この結果NASAは数々の問題点をクリアして、このビジョンを達成しました。しかしこの次のビジョンがなかった。つまりこの月面着陸のミッション（目的）が明確でなかったので、次のビジョンが続かなかった。米ソ冷戦時代であったがため、本来のミッションは「ソ連に勝つこと」「宇宙防衛計画の立ち上げ」だったかもしれませんが、明確ではありませんでした。つまり良いビジョ

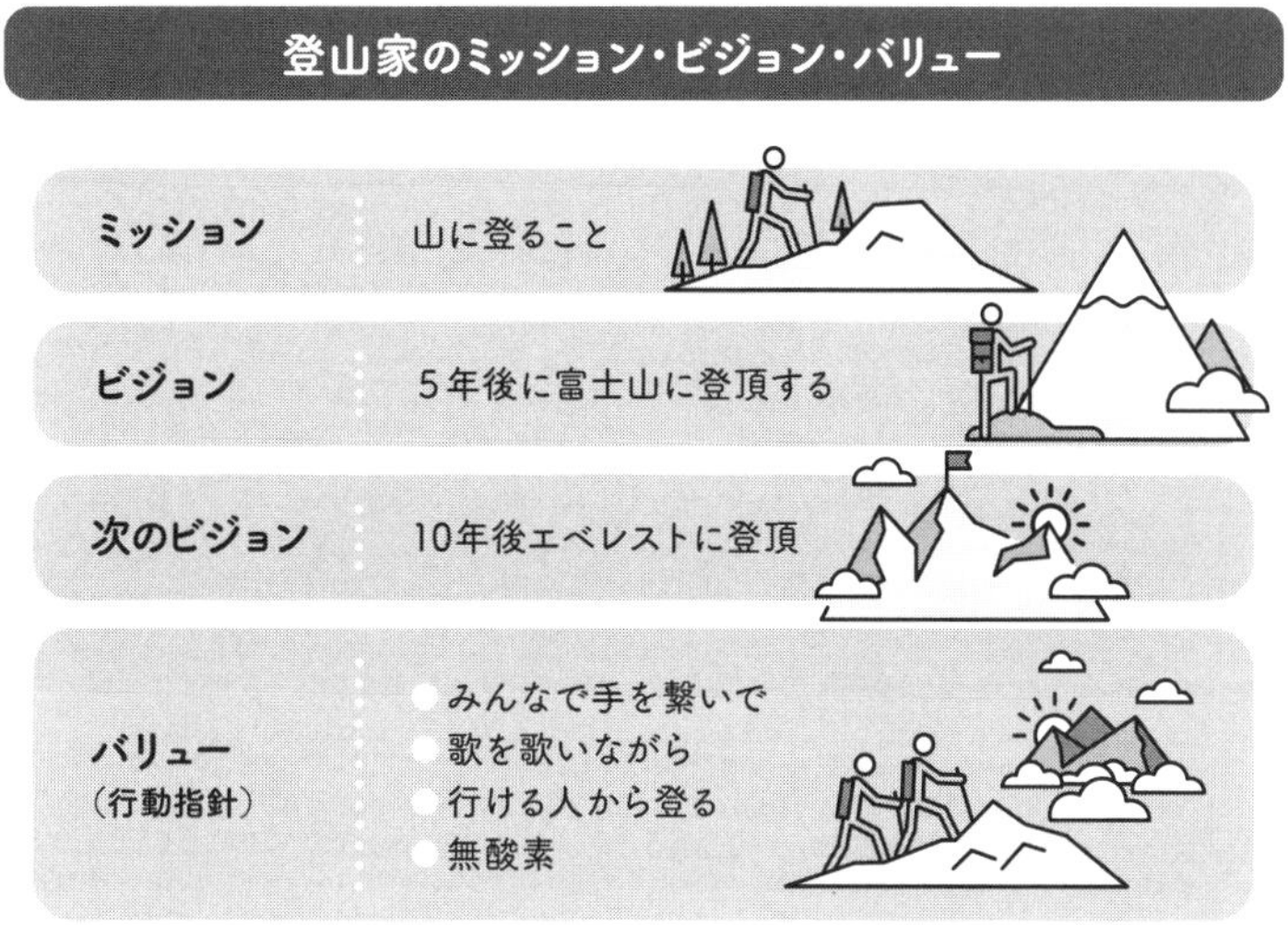

ミッション	山に登ること
ビジョン	5年後に富士山に登頂する
次のビジョン	10年後エベレストに登頂
バリュー（行動指針）	みんなで手を繋いで 歌を歌いながら 行ける人から登る 無酸素

ンだけではダメなのです。ミッションに従って、あるビジョンが達成できたらすぐさま次のビジョンを策定しないといけないのです。ケネディ大統領の場合、そもそものミッション（何のためにアポロ計画をするのか？）がなかったから次が出てこなかったのです。

これと同じことが西郷《さいごう》隆盛《たかもり》にも言えます。彼は抜群のカリスマ性とリーダーシップを発揮して、当時では絶対に不可能だと思われていた討幕を成し得ました。しかしながら討幕後の新政府のミッション（ビジョン）を持っていなかったのです。欧米を視察した大《おお》久《く》保《ぼ》利通《としみち》や伊藤博文は、植民地にされないために日本をいち早く近代化する必要性を痛感し、それこそが新政府のミッションだと分かったのです。しかし欧米を見ていない西郷は「文・武・農」の必要性を唱え、結局征韓

——論で下野し、悲劇的な最後を迎えることになるのです。

次に登山家のバリュー（行動指針）は、その山の登り方です。例えば、「皆で手を繋《つな》いで登る」。これはチームワークを重視する登り方です。「歌を歌いながら登る」のは、楽しさを重視した登り方です。逆に「行ける人から登る」というのは、競争的な実力主義を重視した登り方です。どのようなスタイルで山を登るのかがバリュー（価値観）です。通常このバリューは数個あることが多いのですが、その順番がとても大切です。時としてバリュー同士がぶつかることがあります。その時に優先順位をつけるのが、この順番です。

有名なのは東日本大震災の時のディズニーランドで、Safety（安全）、Courtesy（礼儀正しさ）、Show（ショー）、Efficiency（効率）の行動基準に従って、お客様（ゲスト）の安全を第一に考えてキャストの人たちは行動することができました（現在ではInclusion（インクルージョン）が加わって5つ）。

MVVを語る大切さ

最近は若者の離職が多くなってきています。それぞれが夢を描いて入社してきたのに、こんなはずではなかったということなのでしょう。2018年の内閣府の『子供・若者白書』によると初職の離職理由は、

1位「仕事が自分に合わなかったため」（23・0％）
2位「人間関係がよくなかったため」（10・0％）
3位「労働時間、休日、休暇の条件がよくなかったため」（6・8％）

となっています。1位の「仕事が自分に合わなかったため」の原因として、上司がきちんと仕事の内容ややり方などの説明をしていなかったことが考えられます。

仕事をしていて、とてもつらいのは、「こんなことをしていて何か意味があるのか……」と、仕事の意義が見出せなくなるときです。リーダーは「この仕事は何のためにするのか」と、仕事の目的や意義をしっかりと伝えないといけません。

それなしに、ただ「やっておけ！」と言われても、やらされ感しかなく、モチベーショ

ンは上がりません。もちろん仕事の中にはクレーム処理や雑用など、なかなか「頑張ろう！」という気持ちになりにくいものもありますが、それでもそこに意味を見出して示すのがリーダーの役割です。またどんな些細《ささい》なことでも、「ありがとう！」「助かったよ」の声掛けをしっかりすることが大切です。

ある企業では30代の離職がとても多く、その理由をヒアリングしてみると、「将来に対する不安」がとても多くありました。これはトップが社員に対してきちんとしたビジョンや将来に対する夢や希望を示すことができていないことが原因だと思います。次に多かったのが、「目標設定の仕方や評価の仕方」などへの不満でした。一方的な上からの押し付けの数値目標や業績のみの評価の仕方があり、マネジメントへの共感が持てなかったことが原因です。数字だけではなく、会社が大切にしている価値観に対しても、しっかり評価項目に入れることが大切です。この会社へのミッションへの共感度はとても高く、それが具体的なビジョンやバリューと結びついていないことが原因だと思われます。

「私には夢がある」
"I have a dream."

キング牧師の未来のイメージつまりビジョンは、自分たちの子供たちが、「肌の色ではなく、人間性の内容によって判断される」世界を語りました。兄弟愛、尊敬、万人の自由というアメリカの建国の価値観と繋がる、具体的な未来のイメージを訴えました。

「僕らはここで未来を創っているんだ。僕らといっしょに宇宙に衝撃を与えてみないかい？」

——スティーブ・ジョブズ

例えばスティーブ・ジョブズが社員に語りかけたように、共感型のリーダーは、他者を自分のビジョンに引き込む不思議な力があります。自分は世界を変えられる、少なくとも社会に影響を与えられると心から信じています。組織の変革を実行するリーダーがなすべき最初の仕事は、組織が向かうべき方向性の設定です。つまり、組織のビジョンやミッションを明確化することです。変化が激しく複雑性が増す現代社会においては、意思決定の拠り所となる揺るぎないビジョンが必要です。

気をつけないといけないのが、ビジョンを描く際には単に目標を設定すれば良いのではないということです。ビジョンの先に「こんな良いことが待っている」と語らなくてはならないのです。また組織のビジョンはリーダーの個人的なビジョンではいけません。組織に所属する全員にとってのビジョンでなければなりません。フォロワーの熱意を引き出し、アクションを起こさせ、彼らが共感し、自らの仕事に意義を見出せるものでなければなりません。地に足が着いた、手の届きそうな現実的なものであり、組織のメンバーに夢を持たせるようなビジョンが必要です。これを設定できるリーダーこそが、人々を引きつけ、魅了し、支持を獲得できるのです。

「適切なビジョンをつくることで、リーダーは未来そのものに影響を与えられるのである」

——ウォレン・ベニス

「(目標とは)今のところ手が届かないが、そこに向かって努力を重ねるべきものであり、前進すべき方向であり、そのようになるべきものである。創造力を刺激し、今はまだやり方のわからないことに人々を挑戦させ、それに向かって進んでいることで誇りを持っていられるようなものだ」

——ロバート・K・グリーンリーフ

売上とはミッションの達成度

【ミッションと売上・利益の関係】

スターバックスの社長をしている時に、スターバックスのミッション（「人々の心を豊かで活力あるものにするために」）は、本当に心から素晴らしいミッションだと思っていました。ではこのミッションをより達成するには、どうしたら良いのかを考えました。それは「**より多くの人の心をより豊かにすることができたら、よりミッションが達成できるのではないか**」と考えました。149ページの概念図を見てください。横軸にお客様数、縦軸に豊かさ（＝感動の深さ）を置きます。現在が左下のボックスAだとします。

お店をどんどん増やせば、トータルのお客様の数は増えます。しかし採用や教育が間に合わず、お客様へのサービスが落ち、お客様に不快感を感じさせてしまったら、むしろミッションに反する方向になってしまいます。ボックスBのようになって結果的に現在のボックスより面積が小さくなってしまいます。急成長しているベンチャー企業などでありがちな事例です。最近で言えば立ち食いのステーキチェーン店がまさしくそうでした。肉も満足に切れない人がお店に立っていました。人の成長（教育）が間に合わないのです。

実際感動を与えられる人数を増やすには、店舗を増やせば確実に客数は増えます。日本中の人がスターバックスの開店を待っていました。そのため「全県制覇」をひとつの方針として推し進めました。時には、「投資収益率」の目標水準を満たしていなくても、出店を推進しました。スターバックスを待っている人は多くおられる。投資収益率より大切なことがあると思いました。

一方、感動をより深くするには、店舗のサービスを充実させることが必要です。「感動の深さ」は、お客様の満足度と置き換えても良いでしょう。ですから店舗数の拡大のみならず、無償Ｗｉ－Ｆｉの導入、コンセント数の増大、一人席の拡充など、「心に活力を与える」ための、さまざまなアイディアを実現させました。スターバックスの商品が他社のコーヒーチェーンより多少割高で買っていただいているのは、他社よりも感動が大きいからだと思います。つまり「感動の深さ＝単価」なのです。このボックスの面積こそが「単価×客数＝売上」なのです。ボックスの面積を増やすことが、ひいてはミッションをより実現することにもなり、それは売上にもリンクしているのです。ですからもし売上が落ちてい

ミッションと売上・利益の関係（概念図）

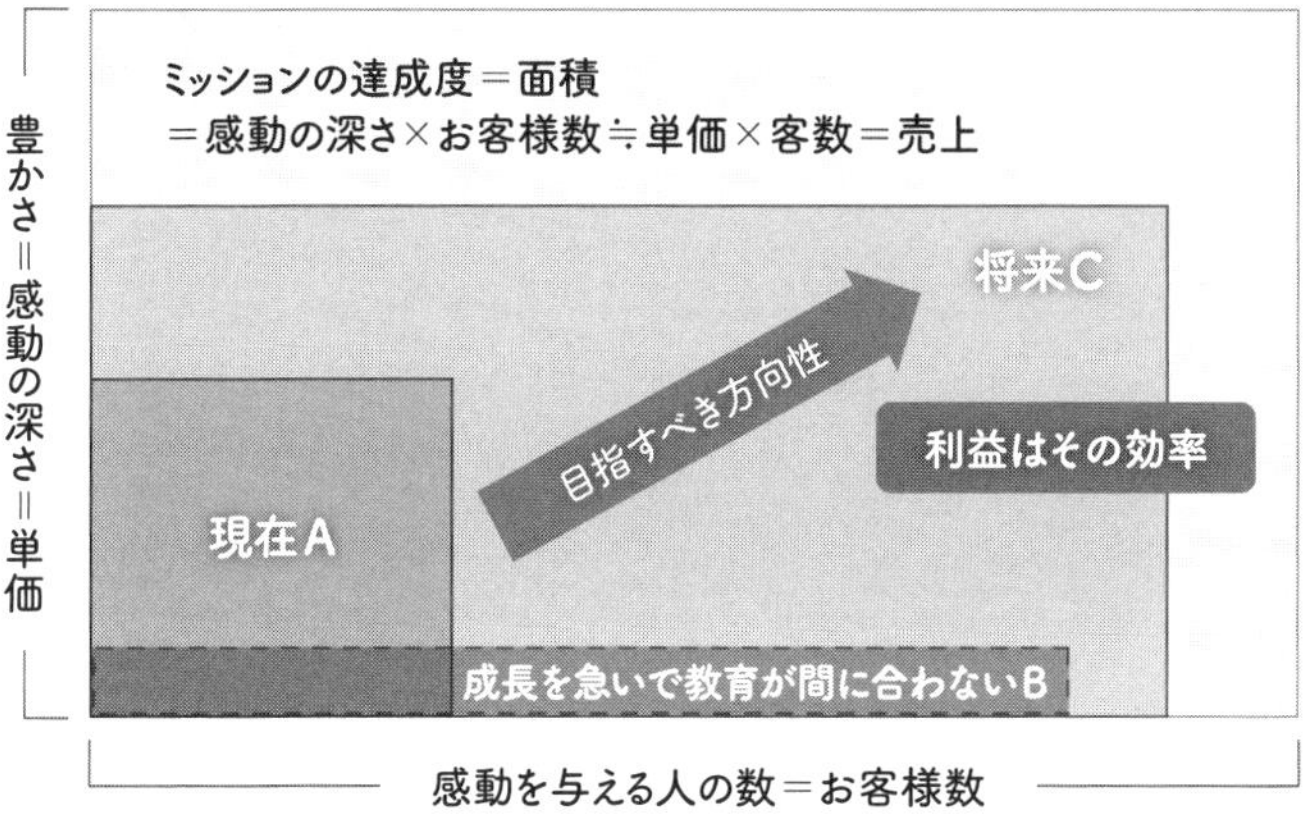

「感動の深さ×お客様数＝面積」を増やすことが、
よりミッションを達成したことになる

るなら、何か間違っているのです。ボックスCの方向に向かって成長しないといけないのです。つまり売上はミッションの達成度とリンクしているのです。

私はこう考えると経営者としてとてもスッキリしました。なぜ成長しなくてはならないかという問いに対して、「自分たちの素晴らしいミッションをより達成したかどうかの指標は、売上で測れるから」と答えられます。当然成長するためには色々な部署に負荷をかけなくてはなりません。でも皆が共感しているミッションをより達成するためだと考えれば、良いのです。経営者としてこのスッキリ感がとても大切だと思います。決して株価を上げたり、自分の給料を上げたいために言っているのではないということです。

また**利益はその効率**だと思っています。同じ面積（＝売上）でも、会社によって利益が違います。利益をしっかりあげているということは、より少ない資源とより少ない労力で同じ売上（ミッションの達成度）を達成していることで、とても効率が良いことになります。それだけでも社会貢献と言えるのではないかと思いました。

私が日産にいた時、大衆車のサニーと同じ価格帯のトヨタのカローラでは、カローラの方が原価が10万円安いと言われていました。もしサニーとカローラが同じ性能・品質だとすれば、トヨタは日産より少ない原材料、少ない労働力で同じ車を製造していることになります。私はそのこと自体社会貢献ではないかと考えていました。

最小利益

「ミッションでは飯が食えない」

そんな声も聞いたことがあります。MVVに沿った経営が大切だと書きました。では利益は？　もちろん大切です。企業は世の中を良くするためにあるのですから、その大前提としては「**存続する必要**」があります。つまりMVV経営の大前提は**継続する**（Going

Concern）ことです。つまり利益は目的ではなく、存続するための手段なのです。ではどれくらいの利益が必要かといえば、ドラッカーの言っている「**最小利益**」を目指すのです。ではその最小利益とは？　お客様に価値に見合った適正な価格で商品を提供し、従業員に適正な給料を払い、取引先から適正な価格で商品を購入し、適正な税金を納め、最後に株主に適正に配当して残った利益が最小利益です。企業の成長のために、将来に対して適切な投資ができる適正な内部留保も必要です。社会の公器として、いわゆるステークホルダーと（将来も）適正に付き合っていくための利益です。ミッションと株価、短期と長期など一見相矛盾することに「**折り合いをつける**」ことが経営者の仕事です。

ミッションは進化する

創業間もないベンチャー企業以外のほとんどの企業には、すでに経営理念に類するものは存在していると思います。しかしその浸透具合には大きな差があります。また、環境の大きな変化、例えば人口構成や社会の大きな変化、科学技術の進展あるいは、自社の予期せぬ大きな成功（失敗）によって、前述の損保ジャパンのようにＭＶＶを見直す必要があれば変更しなくてはなりません。つまりＭＶＶも進化させなくてはならないのです。

第3章のまとめ

- 企業は世の中を良くするために存在する。
- その存在理由がミッションである。
- MVV(ミッション・ビジョン・バリュー)は企業の憲法であり、社長含め全員が守らなくてはならない。
- MVVは価値観の違った社員を同じ方向に向け、モチベーションやコミットメントを上げることができる。
- ミッションの達成度は売上高で測れる。その効率が利益。
- MVVも進化させる必要がある。

この章では主にミッションの大切さを話しましたが、第4章ではビジョンとバリューについて、その作成方法や浸透方法について一緒に考えてみましょう。

COLUMN

3人の石工の話

ドラッカーが語る「3人の石工」の話は、ミッションの重要性を示すわかりやすいお話です。

ある日、旅行者が建設中の大聖堂の近くを通りかかりました。彼は3人の石工に出会い、彼らが何をしているのかを尋ねました。

1人目の石工は、「**私は石を切っています**」と答えました。彼は仕事に興味を持っておらず、ただ一日が終わるのを待っていました。

2人目の石工は、「**私は壁を築いています**」と答えました。彼は自分の仕事に責任を持っており、技術を磨いていましたが、それ以上の意義を見いだしていませんでした。

3人目の石工は、目を輝かせながら、「**私は神に捧《ささ》げる偉大な大聖堂を建てています**」と答えました。彼は自分の仕事に情熱を持って取り組んでおり、大きなミッションに貢献していると感じていました。

このお話は、同じ仕事をしていても、ミッションが仕事に対する態度にどれだけの違いを生むかを示しています。3人目の石工は、自分が大きな目的に貢献していると感じており、そのため自分の仕事に情熱を注ぐことができ（強いコミットメント）、大きな満足感を得られていました。

COLUMN

3人の石工の話

ドラッカーは、この話を使ってリーダーやマネージャーに、従業員が自分の仕事に意義や目的を見出すことができるように働きかける重要性を示しています。私も、従業員が自分の仕事が、大きなミッションにどのように関連しているかを理解することで、より高いパフォーマンスと満足度を達成できると考えています。

EMPATHETIC
LEADERS

第4章

ビジョンとバリューで一人ひとりが動き出す

偉大なリーダーとは、
自分の夢を皆の夢であるかのように
言い換えられる人だ。

ニティン・ノーリア
（元ハーバード・ビジネススクール学長）

ビジョンを語ろう

ワクワクするビジョンを策定する（著者の場合）

リーダーは組織をどのようにしていきたいかとの「思い」を熱く語る必要があります。

私自身サラリーマンや経営者時代、現在のような明確なＭＶＶへの意識はありませんでした。

ただ自分なりの「ビジョン」を語ってきました。もしかするとビジョンというよりは、「夢」や「スローガン」だったかもしれません。

１．日産自動車（脱兎倶楽部《だつとくらぶ》）「座して死は待てない」

私が日産自動車に入社して数年後、急激な円高になり、戦後はじめて赤字になりました。

労働組合と会社が対立し、社内には閉塞《へいそく》感が漂っていました。そこで「座して死は待てない」という思いから、仲間達と「脱兎倶楽部」という社内改革組織を立ち上げました。「なんとか日産をよくしたい」という仲間が70名ほど集まってくれました。その当時は「自分はどうなってもいいから、日産を立て直したい」と幕末の志士のように燃えていました。「座して死は待てない」は、私が作った広報誌の「脱兎新報」のスローガンでした。

ある時メンバーで「日産をどんな会社にしたいか？」と言う話し合いを夜中までしたことがあります。その時に私が掲げたのが、「**自分の子供の結婚相手として、日産にお勤めの息子さん（お嬢さん）なら大丈夫と言われるような会社にしたい**」と私なりの夢（ビジョン）を語りました。

その頃雲の上の存在であった「役員と話し合おう！」とか「銀座《ぎんざ》4丁目ギャラリーをかっこよくしよう！」というプロジェクトを実施しようとしましたが、社内からの抵抗にもあい、結局目立った成果もあげられず頓挫《とんざ》してしまいました。カルロス・ゴーンさんが来る10年ほど前のお話です。

2. アトラス（CEO時代）「ワクワクドキドキする創合エンターテインメントカンパニー」

初めて私が社長を経験したゲーム会社のアトラスは、1990年代後半プリクラで一世を風靡《ふうび》して、上場までしましたが、その後プリクラブームが過ぎ、大量の不良在庫を抱えていました。そんな時に創業者に請われて社長に就任しました。当時アトラスは銀行から管理部門に役員が来ていたせいか、ゲーム会社なのに皆スーツにネクタイをしており、管理体制も厳しくしていました。退職者も多く、アトラスらしさがなくなっていると感じていました。創業の原点や遊び心を象徴するようなキャッチフレーズ、つまり会社がどんなことを目指しているか（ビジョン）を作りたいと思いました。

幹部合宿（ビジョン・リトリート：後述）を実施し、そこで作ったのが、**「ワクワクドキドキする創合エンターテインメントカンパニー」**というフレーズでした。「創合」には新しいものを創りだし、いろいろなものと組み合わせるという「想い」を込めました。プリクラの事業部、ゲームソフトの事業部、ゲームセンターの事業部それぞれがバラバラになっていたので、キャラクターなど相互に有効活用できないか考えました。ただ当時は「ワクワク」ではなく「ハラハラ」しどおしでしたが。

3．ザボディショップ（CEO時代）
「3年ないし5年の期間に150億円の売上を達成する」

ザボディショップでは、社長就任前67億円の売上高だったところ、私は「150億円」という大きな目標を作りました。それまでは100億円という目標は、会社としてありましたが、その達成のための出店計画や採用計画などの具体的なプランは作られていませんでした。

私は、本当にザボディショップは素晴らしい理念を持った会社で、まだまだ成長の可能性があると感じていました。私が社長に就任して、経営スタッフに聞いた最初の質問は「日本におけるザボディショップの可能性は一体どれくらいあるのか？」でした。

日本で展開されているブランドビジネスは、だいたい1ブランド100億円がひとつの目安になっています。世界でのザボディショップの各国のシェアや日本における出店可能性を検討してもらった結果、140億円くらいの可能性があるとの答えでした。「じゃ、きりのいい数字で、150億円！　プラス10億円は気合いだ」と宣言しました。社内の誰一人、本気にした人はいなかったと思います。

もちろん、すぐにできる数字ではありません。一方成長のスピードがとても大切なので、3年から5年の間に達成すると、期間に幅を持たせました。一応の目安として4年を基準としました。

さまざまな施策を実施した結果、売上は伸び続け、32ヶ月連続予算達成、67億円の売上高が4年で約140億円にすることができました。リーマンショックがなければ150億円は突破していたと思います。

150億円という数字をビジョンとして掲げたのは、本当に良かったかという反省があります。もっとワクワクするようなビジョンを語れば良かったと思います。しかしこの数字がなければ、絶対に140億円は行かなかったと思います。

4. スターバックス（CEO時代）「100年後も輝くブランドにする」

私が社長をしている間（普通は3年から7年）に達成したい「100年後も輝くブランドにする」をビジョンとして掲げました。もちろん100年後には私は存在していません。しかし私はスターバックスというブランドは、100年間輝き続けるだけの価値のある素晴らしいブランドだし、その一員として次の世代にきちんとバトンを繋《つな》げる責任があると思いました。ですから売上が厳しいからといって、ディスカウントやクーポンを配るようなブランドを毀損《きそん》することをしたくなかったのです。

当時の売上は700億円から800億円ぐらいでしたが、私はまだまだ地方出店の可能性もあると思い、2000億円ぐらいできるのではないかと思っていました。もちろん自分が社長をやっている間の達成は無理な数字です。

それで部長以上の管理職全員に1対1のフォーカス・インタビューした最後に、「私はスターバックスの可能性はまだまだある。2000億円ぐらいできるのではないか？」と尋ねたところ全員が「できる！」との答えでした。この数字は公にすることはしませんでしたが、目指すべき達成可能な数字だと考えていました。現在は2000億円を超えて伸びているようです。

私自身ザボディショップでもスターバックスでも、もちろん創業者ではないこともありましたが、ミッションやバリューを見直そうとしたことはありません。ミッションに心から賛同していたし、また自分にはミッションを見直す資格はないと思っていました。ただその実現のために尽力したつもりです。

ビジョン達成のために必要なクイックヒット（短期的な目に見える成果）

リーダーがビジョンを語ることとは、今起きていることに注意を払い、その中から組織の未来にとって重要なものを見つけ、新しい方向を定め、全員の関心をそこに集中させることです。

大切なのは、組織にとって現実的で、信憑性《しんぴょう》があり、魅力的な未来をはっきりと伝えて、今よりも良い状態がイメージできることです。

リーダーはビジョンによって、組織の現在と未来を繋ぐ重要な橋をかけるのです。

ビジョンを示し、その実現に参加し、自分達が価値ある活動に参加していると思ってもらうことが何よりも大切です。そのため**早い段階で何かしらの目に見える成果**が必要です。いわゆる「**クイックヒット**」や「アーリーウィン」と言われるものです。そのことによってビジョンの達成に半信半疑だった人々が、一人また一人とビジョンの達成を信じるようになり、改革が弾み車のように進んでいくのです。それによって一気に組織変革が進むのです。詳しくは後述（第7章「組織変革」）しますが、ザボディショップでは「ボディバター」、スターバックスでは「ワンモアコーヒー」が変革の起爆剤となりました。

ビジョン策定のためのヒント

新しいビジョンは必ずしもリーダー自身が全てを作成する必要はありません。ビジョン・リトリート（役員合宿）や作成メンバーの公募を行い、ボトムアップ的に皆と話し合いながら作っても良いと思います。実行段階で中核的メンバーになる人達でチームを組成し、ビジョンを作成し、結果をマネジメントと討議し最終的にはトップが判断するのが良いと思います。そのメンバーは将来の幹部候補（マネジメントチーム）になることが期待される人達です。

その際リーダーは、良い聴き手であるべきだと思います。できるだけ皆に思いを語ってもらうのです。特に他の人とは違う見方をしている人には、真剣に耳を傾ける必要があります。成功する共感型リーダーは**「質問のうまい聞き手」**であり、常に他者にいつも関心を払っている人です（コミュニケーションについては第5、6章で詳しく述べます）。

リーダーは様々な情報、トレンド、予測、オプションから、シンプルでわかりやすく、誰もが心躍り、望ましいと思うような、活力にあふれたビジョンをチームと作り、それを明確に伝えなくてはなりません。だいたいビジョンは5年から10年先をイメージすると良いでしょう。あまり現実的すぎず、かと言って夢物語では意味がありません。皆が力を合わせて頑張れば、5年から10年後に達成できそうなビジョンが望ましいと思います。

将来のあるべき姿（＝ビジョン）の策定過程では、いわゆる**PESTEL分析**（後述参照）を考えてみると良いでしょう。現在のPESTELと5年後10年後のPESTEL分析をすると会社が向かうべき方向性が見えてきます。

例えば、

- 顧客や競合は誰でどのように変わっていくのか？
- その変化の中で、もし現状のままだとしたら、何が起こるのか？
- 10年後大きな環境変化が起こるとしたら、どんな兆候が見えるか？
- 今後の予想される環境に対して何ができるか？　どんな資源が必要か？

● 10年後に自分たちが勝ち組になり、成功するのはどんな未来か？
● これから自社の業績で重要視すべきKPIは何か？

私の場合は部長以上全員とフォーカス・インタビューの中からヒントを得て、皆の気持ちの総意を感じるビジョンを作成しました。

PESTEL分析

ビジョンを考える場合PESTEL（Politics, Economy, Society, Technology, Environment, Law／政治、経済、社会、技術、環境、法律）分析を行うと良いでしょう。一般的に戦略を考える場合は現在の分析をしますが、ビジョン策定の時には10年後の予想PESTEL分析を今のトレンドから考えてみると良いでしょう。ドラッカーのいう既に起こっている未来を現在から探してみるのも良いでしょう。

PESTEL分析は、企業がこれらのマクロ環境要因を理解し、それらがビジネスにどのような影響を与えるかを評価するのに役立ちます。この情報を用いて、企業はそのビジネス環境をよりよく理解し、戦略的な意思決定を行うことが可能となります。

PESTEL分析

政治 Politics	・政府や官公庁の動向、公正取引委員会の動向 ・訴訟問題のトレンド ・外圧、海外政府、国連の動向等 ・法律（規制・税制・補助金等）
経済 Economy	・景気、物価、失業率の動向 ・為替、金利、株価の動向 ・産業構造の変化等 ・個人消費、輸出入の動向等
社会 Society	・社会問題、事件、自然災害等 ・人口構成、出生率の動向等 ・ライフスタイル、価値観の変化等 ・トレンドの動向等
技術 Technology	・技術革新の動向 ・特許の動向 ・大学、研究機関の研究テーマのトレンド等 ・自社関連技術、代替技術の動向
環境 Environment	・気候変動 ・環境規制 ・廃棄物管理など
法律 Law	・法規制 ・特許法 ・労働法・企業法など

ビジョンを考える上でのヒントにもなりますし、今後の戦略を考える上でいわゆるSWOT分析をする機会と脅威の材料になります。つまりPESTELの分析した事象が、追い風の場合は機会となり、向かい風の場合は脅威となります。本書ではこれ以上に詳しく触れません（第8章コラム「SWOTクロス」参照）。

バリュー（行動指針）が企業文化の源泉となる

バリュー

「自ら機会をつくり、機会によって自らを変えよ」

――江副浩正《えぞえひろまさ》

次にバリュー（行動指針）について、考えてみます。バリューは通常4個から6、7個あります。それぞれの項目の書く順番がとても大切です。無論どの項目も重要なのですが、順番には意味があり、優先度の高いものから掲げられるようにします。

例えばスターバックスでは、ミッションである「人々の心を豊かで活力あるものにするために―ひとりのお客様、一杯のコーヒー、そしてひとつのコミュニティから」は、私が知っている限り（2008年以降）、全く変化していませんが、バリューは何度か見直されています。

スターバックスの業績が軌道に乗り上場を果たした後、創業者のハワード・シュルツがセミリタイアして創業期のメンバーのオーソン・スミスの後、ウォルマートから経営幹部をヘッドハンティングして経営を任せました。その新しいCEOはウォールストリートからのプレッシャーもあり、売上拡大や効率化、店舗でのマシンの自動化を図りました。その結果「スターバックスのコーヒーの味が不味《まず》くなった」と悪評判がたち、業績が急降下しました。

そのためハワードがもう一度CEOに復帰することになりました。彼はまず最初に、全米からパートナー1万人をニューオリンズに集め、大規模なマネージャー会議を開催しました。ニューオリンズは、その会議の直前に「カトリーナ」というハリケーンの被害に遭った地域でした。1週間パートナーたちは被災地復興のボランティアを実施し、その後会議でハワードがCEOに復帰する報告と新しいバリューの発表をしました。それが図に掲げた2つ目の内容です。

それまでのバリューの順番は、人、人、コーヒーでしたが、新しいバリューはコーヒーが1番目に来ています。もう一度スターバックスの原点であるコーヒーの味の優先順位を上げたのです。会議後全米の直営店を半日間閉鎖して（薄利多売の小売ビジネスで約7000店を半日閉めるなんて信じられません！）、コーヒーの淹《い》れ方の再教育を徹底しました。つま

スターバックスのミッションと変化し続けるバリュー

スターバックスミッションステートメント

To inspire and nurture the human spirit-
One person, one cup and one neighborhood at a time.

人々の心を豊かで活力あるものにするために——

ひとりのお客様、一杯のコーヒー、そしてひとつのコミュニティから

バリューの変遷

変遷1

- お互いに尊敬と威厳をもって接し、働きやすい環境をつくる。
- 事業運営上での不可欠な要素として多様性を積極的に受け入れる。
- コーヒーの調達や焙煎、新鮮なコーヒーの販売において、常に最高級のレベルを目指す。
- お客様が心から満足するサービスを常に提供する。
- 地域社会や環境保護に積極的に貢献する。
- 将来の繁栄には利益が不可欠であることを認識する。

変遷2

ここに書かれた原則を、ぜひ毎日に活かしてください。

Our Coffee

私たちは常に最高級の品質を求めています。

最高のコーヒー豆を倫理的に仕入れ、心をこめて焙煎し、そしてコーヒー生産者の生活をより良いものにすることに情熱を傾けています。

これらすべてにこだわりをもち、追求には終わりがありません。

Our Partners

情熱をもって仕事をする仲間を私たちは「パートナー」と呼んでいます。

多様性を受け入れることで、一人ひとりが輝き、働きやすい環境を創り出します。

常にお互いに尊敬と威厳をもって接します。

変遷2

そして、この基準を守っていくことを約束します。

Our Customers

心から接すれば、ほんの一瞬であってもお客様とつながり、笑顔を交わし、感動経験をもたらすことができます。

完璧なコーヒーの提供はもちろん、それ以上に人と人とのつながりを大切にします。

Our Stores

自分の居場所のように感じてもらえれば、そこはお客様にとって、くつろぎの空間になります。

ゆったりと、時にはスピーディーに、思い思いの時間を楽しんでもらいましょう。人とのふれあいを通じて。

Our Neighborhood

常に歓迎されるスターバックスであるために、すべての店舗がコミュニティの一員として責任を果たさなければなりません。そのために、パートナー、お客様、そしてコミュニティがひとつになれるよう日々貢献していきます。

私たちの責任と可能性はこれまでにもまして大きくなっています。

私たちに期待されていることは、これらすべてをリードしていくことです。

Our Shareholders

これらすべての事柄を実現することにより、共に成功を分かち合えるはずです。私たちは一つひとつを正しく行い、スターバックスとともに歩むすべての人々の繁栄を目指していきます。

変遷3

私たちは、パートナー、コーヒー、お客様を中心とし、Valuesを日々体現します。お互いに心から認め合い、誰もが自分の居場所と感じられるような文化をつくります。

勇気をもって行動し、現状に満足せず、新しい方法を追い求めます。

スターバックスと私たちの成長のために。

誠実に向き合い、威厳と尊敬をもって心を通わせる、その瞬間を大切にします。

一人ひとりが全力を尽くし、最後まで結果に責任を持ちます。

私たちは、人間らしさを大切にしながら、成長し続けます。

り彼は新しいバリューを早速実行したのです。

バリューの内容についてはそんなに大きな違いはありませんが、その時々によって優先順位が違っています。順番を変えることだけでも、それは社員へのメッセージとなります。現在は人（パートナー）を最初に持ってくる元の順番に変わっています。

ディズニーランドの3・11の時の対応

現在ディズニーテーマパークでは、Safety（安全）、Courtesy（礼儀正しさ）、Inclusion（インクルージョン）、Show（ショー）、Efficiency（効率）という5つの行動基準を設けています。東京ディズニーリゾートのキャストのゴール「We Create Happiness ハピネスの創造」を実現するために、ディズニーテーマパーク共通の「The Five Keys ～5つの鍵～」という行動規準に基づき、すべてのキャストが判断、行動しています。

（株式会社オリエンタルランドウェブサイトより）

この順番がその優先度を表しています。安全が最優先されているので、東日本大震災の時にも、キャスト（スタッフ）の皆さんはゲスト（お客様）の安全確保に最大限努力しました。段ボールや食べ物を配ったり、普段は絶対にゲストには見せない通路なども開放しました。バリューの順番が徹底しているとても良い事例です。

少し違った観点ですが、マクドナルドのお店に行くと、メニュー板のところに「**スマイル　0円**」と書かれています。実はある期間これがなくなっていたのです。ちょうどその期間かなり目先の利益を追った施策がなされていました。品質問題が起こったのもこの時期だと記憶しています。その前後社長が交代して、「スマイル　0円」が復活しました。それと歩調を合わせるかのように、マクドナルドの業績が急回復していきました。私は「スマイル　0円」の中にマクドナルドのMVVが潜んでいるように感じます。

MVVを作成し浸透させるためには

ビジョン・リトリート（幹部合宿）

新しいビジョンの策定にあたって、経営幹部が合宿して集中的に討議すると良いでしょう。**ビジョン・リトリート**は、組織のビジョン、ミッション、目標の検討や再確認、そして新たな戦略の策定を目指して行われる特別な会議やワークショップのことを指します。ビジョン・リトリートは、一般的には組織のリーダーシップチーム（CEO、上級管理職、部門責任者など）によって行われます。そもそも「リトリート」とは、数日の間、日常から離れた環境に身を置き、いつもと違った体験を楽しむことを指します。心身の回復を図るため、旅先の観光地を楽しむというよりは、自分自身に意識を向け、ゆったりとした時間を過ごせる静かな場所が一般的です。

2泊3日程度のビジョン・リトリートでは通常、以下のような活動が行われます。

- **ミッション・ビジョン・バリュー（MVV）の再確認**：組織の根本的な方向性と目標を再確認し、問題点の有無や浸透度をチェックして、必要に応じてそれらを更新します。
- **戦略計画**：組織が直面する新たな機会や挑戦に対応するための戦略を設計します。いわゆるPESTEL分析やSWOT分析を行います。
- **チームビルディング**：組織のリーダーシップチームの間で共有理解と協力を深めるための活動を行います。ちょっとしたゲームで楽しんでみても良いでしょう（くれぐれもそれが目的にならないように　笑）。
- **パフォーマンス評価**：過去の成果を評価し、将来の目標に向けた改善のための戦略を議論します。この時にSWOTクロスを利用すると良いでしょう。

具体的なビジョンの策定手順としては、

1. **ビジョンの評価**：組織の性質を調べる（現在のミッション、戦略、価値観、社内モチベーション調査など）。
2. **ビジョンの範囲**：新しいビジョンに望むものを決定する（例えばビジネスのドメイ

ンを検討する)。

3. **ビジョンの文脈**：新しいビジョン形成に影響を及ぼすトレンドや変化を検討する。

4. **ビジョンの選択**：選択可能なビジョンを特定し、評価し、最も望ましいビジョンを選ぶ。

5. **ミッションやバリューとの整合性をチェック**：場合によってはミッション、バリューも見直す。

このようなビジョン・リトリートは、組織の方向性を明確にし、新たな戦略を開発する上で非常に効果的な手段となります。それはまた、組織のリーダーシップチームが共通の理解と目標を共有し、協力関係を強化する機会を提供することができ、企業にとっても重要なターニングポイントになります。

私もアトラスで実施をして、創業メンバーの話を聞いて、「遊び心」というキーワードを発見し、そこから「**ワクワクドキドキする創合エンターテインメントカンパニー**」というフレーズを思いつきました。その上で3年間の中期経営計画を策定しました。また何社かビジョン・リトリートのお手伝いもしましたが、会社が一つになる良い機会だと思います。特に幹部に中途入社の社員が多い場合はとても有効です。

MVVを自らの行動で示す

リーダー自身がMVVを深く心に刻み、日々の言動で示すことが大切です。共感型のリーダーは、まず本人自身がMVVのエバンジェリスト（伝道師）にならなくてはなりません。リーダーの言動はメンバーに大きな影響を与えるため、リーダー自身がMVVを常に意識しながら行動することで、それを見習ってメンバーも行動を起こすようになります。また、メンバーはリーダーの言うことと実際の行動が一致していれば、リーダーへの信頼が厚くなっていきます。

また自分の行動を客観的に評価し、改善することができるよう、フィードバックを受け取ることも大切です。MVVに沿った行動をしているか、他のメンバーが理解しているかどうか、改善の余地があるかなどをアンケート調査などで定期的に確認することが必要です。メンバーからのフィードバックを受け入れ、改善点を踏まえた上で浸透させていくべきです。

例えばザボディショップの時に、私が会議で「啓蒙《けいもう》活動」という言葉は使った時に、「岩田さん啓蒙活動という言葉は使わないでください。啓発活動と言ってください！」と注意されました。それは啓蒙活動という言葉は元々モンゴル（蒙）人の目を啓《ひら》かせるという蔑視《べっし》の言葉だからと教えられました。ザボディショップは人権問題について色々な活動（Defend Human Rights）をしてきたブランドです。ですからこう言った言葉遣いも大切にしないといけないのです。

部門でのMVVを考える

私は全社と同じように、部門ごとにMVVを持ってもよいと思います。会社の規模や事業内容にも関係しますが、全社のMVVをそのまま自分の組織にあてはめても良いですし、大企業や商社のような複合的な企業では、全社のMVV（特にミッション）は抽象的すぎるので、事業部門や部単位でMVVを作るべきだと思います。もちろん全社のMVVに矛盾するものではなく、自部門に合わせてもう少し具体的な表現にするのです。

全社のMVVと同じようにMVVと呼ぶと混乱してしまうので、事業部ミッションや事業部方針とか今年度の重点項目などと言葉を置き換えた方が良い場合もあります。あるいは自分がその組織のリーダーをしている間の○○本部長方針としても良いと思います。会社全体のMVVが、「人類平和」などのとても大きく漠然とした内容だった場合、では自分たちの部署では、何を通じてその「人類平和」に具体的にどう貢献するか考えるのです。

例えば「医療」を通じてでも良いですし、「エネルギー」を通じてでも良いでしょう。新しく経営者や部門長になった時には、自分がリーダーをしている間は、こういう方向で進んでいきたいというビジョン（もしくはトップ方針）として掲げるべきだと思います。

ケン・ブランチャードの『リーダーシップ論』には、ある優良企業の税務チームの例が紹介されています。

「ある優良企業の全担当チームのリーダーは、我々はまずお互いの夢や希望を語り合い、それらが重ね合うことを発見した。その結果より効率的に協力できるようになり、仕事はずっと楽しくなった。「**社内のリーダーたちが正しい経営判断をくだすための金融情報の提供**」という我々の仕事のあり方も明確化された。その結果リーダーたちとの連携が効率的になった。社内での我々の信頼もまし、業績改善の秘訣《ひけつ》は何かと他の部署から尋ねられるようになった。彼らは自分たちのビジョンを作成したいと考えるようになった。そんな風に伝染して行った」

もし全社ビジョンが策定もしくは修正された場合、それとの整合性をチェックすることが大切ですが、ほとんどの場合わずかな修正で事足ります。

組織と個人のMVVを一致させる

世界の経営学は半世紀以上もリーダーシップを研究し続けてきた。その路は、まだ発展途上である。しかしあえて、現時点で到達した「リーダーシップ理論の境地」は何かと言えば、結局のところ「自分のビジョンは何か」「自分は何もので、何をして生きて行くのか」をひとりひとりが深く内省し、そのビジョンをもとに啓蒙しあい、リーダーシップを発揮していくことなのだろう。筆者はそう理解している。

（入山章栄『世界標準の経営理論』）

私は10年以上前から企業研修や学生向けの研修の最後に受講者に自分の「ミッション（ビジョン）」を発表してもらっています。これは結果的に共感型リーダー育成に、とても理にかなったことをしていたのだと驚いています。また早稲田大学ビジネススクールや実践女子大学で行っている「ミッションとリーダーシップ」の授業では、最後に受講生全員に自分のミッションを語ってもらっています。2023年には早稲田大学からティーチング・アワードを受賞することができました。実践女子大学でもこの研修が就職活動にとても有意義だったとOGの方々から聞いています。

組織メンバー一人ひとりに自分自身のミッション（ビジョン）を語らせ、それらと組織のミッション（ビジョン）とを一致させるか少なくとも同じ方向に向ける（アラインさせる）ことが、共感型リーダーの大切な仕事です。

MVVを常に意識する

ピーター・ドラッカーの『経営者の条件』（ダイヤモンド社）で紹介されていた、ある病院の看護師のエピソードが私は大好きです。

その人は病院に勤めている、普通の看護師なのですが、病院が何か新しい施策や取り組みをしようとすると、必ずこう質問したそうです。

「それは患者さんにとっていちばんよいことでしょうか？」

彼女は看護師長でもリーダーでもなく、責任ある立場なわけではありません。でも、必ずそう問いかけ、そのひと言で議論が再び活発になるというのです。

そして彼女が退職した後も、
「彼女だったら、なんと言うだろうか」
と彼女の問いを常に思い起こさせ、「患者さんにとって最善であるか」と皆が考えるようになったそうです。その看護師の去った後も、ずっと影響を与え続けたのです。彼女はまさしく病院のＭＶＶ（特にミッション）を彼女なりに表現したのです。私は彼女はその病院の「良心」でもあったと思います。

何のために病院は存在しているのか？

決して医師のためでもなく、金儲《もう》けのためでもなく、点数制度のために存在しているのでもありません。「患者様」のために存在しているのです。日本の医療機関を見ていると、多くの医師たち（特に年配の開業医）が忘れてしまっていることだと感じます。

ＭＶＶを浸透させるために①

ＭＶＶを浸透させるために、**リーダーが繰り返しミッションやビジョンを語る**ことがとても大切です。まずはリーダー自身がコミットすることが必要です。それ以外にも以下のことを制度化するべきです。

1．従業員に参加を促し、定期的に評価する

従業員に対して、ＭＶＶに関する話し合いをすることや意見を出すことを促し、積極的に参加させることが重要です。定期的に自分たちの職場でＭＶＶについて話し合ってみたり、体現度などを自己採点してみることも大切だと思います。

従業員が自分たちで考え、共有することで、ＭＶＶへの理解が深まっていきます。

スターバックスのお店に行くと店舗の端っこで、よくパートナー同士が話し合っています。今はタブレット端末を使いながら色々な教育を行っています。商品知識や接客はもとよりＭＶＶに合った行動をした時には「行動強化」、そうではない時には「行動是正」、つまり、ＭＶＶによってフィードバックをしているのです。

定期的に従業員満足度調査などを行い、その中で職場の皆がどれくらいＭＶＶについて意識しているのか、定量的に把握することもリーダーとして大切です。

2．継続的な教育・トレーニング

ＭＶＶについては常に継続的な教育やトレーニングが必要です。特に新入社員や中途採用の導入研修の時には、**社長自ら**が自社のＭＶＶについて熱く語らなくてはなりません。新卒の場合はあまり心配はいらないのですが、中途採用者にはそれまでの会社で身につけ

た価値観があります。面接の時には特に自社の価値観とのカルチャーフィットを重視すべきです。採用後も自社のMVVをしっかり体現するように指導しなくてはなりません。

3．評価の中にMVVの達成度を入れる

一般的にMBO（目標管理）を導入している企業が多いと思います。期首に年度の目標を数アイテム掲げ、上司と面談の上決定し、半期ごとに自己評価と上司からのフィードバックを話し合い、それが本人の査定評価となり、昇給や昇格の基礎資料となります。MVVを浸透させるために、その中の定性的な評価としてMVVの項目を必ず入れるようにするべきです。

MVVを浸透させるために②

「リーダーは組織の価値観を、明確に表現し、物事の意味を浮き彫りにし、組織の行動指針となる原則を、然《しか》るべき象徴とロールモデルを使って、一貫性のある形で伝えることに第一義的な責任を負っている」

——ウォレン・ベニス

いくら立派なビジョンを作成しても、それを実行に移さなければ意味がありません。組織メンバー全員がMVVを共有し、自分の役割と権限を理解しない限り、組織は正しい方向に向かいません。また全員が現在の状況を理解し、行動するためのブループリント（ビジョン）を伝えることが、リーダーの重要な責任です。トップは明確なメッセージを組織のあらゆる階層に届ける必要があります。

リーダーの力量は、自分の思いをどれだけうまく伝えられるかで決まります。

朝礼や社内報で、MVVに沿った行動は皆の前で実名を挙げて誉め、そうではないMVVに反するような行動に対しては一般化して、メンバーに伝えることが大切です。以下注意点を箇条書きにします。

1．シンプルで分かりやすい言葉を使う

難しい言葉や専門用語は極力避け、組織メンバー全員が理解できるわかりやすい言葉を使わなくてはいけません。

2．比喩《ひゆ》や譬《たと》え話をうまく使う

キング牧師が、1963年8月28日に行ったその有名な演説で、

「私には夢がある。それは、いつの日か、ジョージア州の赤土の丘で、かつての奴隷の息子たちとかつての奴隷所有者の息子たちが、兄弟として同じテーブルにつくという夢である」

と語りました。このような譬え話は具体的にイメージもできるし、とても感動的です。

昔から世界中に昔話やおとぎ話があります。その中に必ず何かしらの教訓（メッセージ）が含まれています。嘘をついてはいけないと注意するより、「オオカミと少年」のお話をした方が、子供達は興味を持って話を聞いてくれ、より記憶に定着します。ストーリーの方が人の記憶に長く定着させることができるのです。

3. 具体的な例を挙げる

MVVを伝えるときには、具体的な例を挙げることでイメージを膨らませることができます。例えば、ビジョンについて話す場合、将来の理想的な状況や成果、それに向かって進んでいる具体的な取り組みを紹介することで、共感や理解を深めることができます。

そのため社内の賞賛すべきエピソードを紹介することがとても有効的です。有名なお話としては、ニューヨークのリッツカールトンのドアボーイが、自分の判断でお客様の忘れ物をロサンジェルスまで届けた話や、スターバックスのパートナーが、早朝に、心臓移植のために旅立つ少女のために、シナモンロールを駅まで届けた話（192ページ）などがあります。こういったエピソード（ストーリー）は記憶に残りやすいですし、会社として何を大切にしているのかよくわかる見本になります。

私は講演でこのシナモンロールのお話をしますが、講演終了後ほとんどの皆さんが、あのお話が良かったと褒めてくれます。前後1時間以上ミッションの重要性やリーダーシップなどについても色々なお話をするのですが、結局皆さんの心の記憶に残っているのはこのエピソードなのです。

4．対話を重視する

MVVを伝える際には、単に説明するだけでなく、双方向の対話を重視することが大切です。メンバーとのコミュニケーションを通じて、彼らがビジョンやバリューを自分たちの言葉で理解し、共有することができるようになります。京セラの創業者・稲盛和夫さんが「コンパ」と称して、自ら飲み会で理念（フィロソフィー）を伝えていたのは、有名なお話です。

ただこういったことは、必ず上からやっていかないといけません。幹部がMVVをきちんと理解していないと、メンバーから質問があっても答えられません。またMVVに沿わない言動や経営判断をしてしまうかもしれません。そのためビジョン・リトリート合宿（174ページ参照）などを通じて、経営陣の一枚岩感をしっかり醸成しないといけません。また役員登用の時は、そういったMVVを理解して体現していることも評価項目の大切な要素として入れるべきです。

5. ビジュアルツールを活用する

図やグラフ、チャートなどのビジュアルツールを活用することで、複雑な概念をシンプルかつ効果的に伝えることができます。ビジュアルツールはMVVを視覚化するのに役立ち、共感や理解を促進することができます。例としては第3章の「登山家のミッション・ビジョン・バリュー」のような図解を用いると良いでしょう。

6. 事あるごとに唱和する

毎朝朝礼などでMVVを皆で斉唱する会社もあります。私も若い頃はそのようなことは小学生みたいで嫌だった記憶があります。しかしいろいろな会社を見てきて、そのような地道なことを実行している企業は、やはりよくMVVが浸透しています。とてもシンプルなことですが、実際実行している企業はとても少ないのではないでしょうか？

「門前の小僧習わぬ経を読む」のです。昔からの学習法として、音読の効果が高いことは経験的にわかっています。

「リーダーは目標を把握しているし、はっきりわからない人に対して説明できる。目標を明確に言葉として表し、何度も説明し直すことで、自分では目標達成が困難と思われる人たちにも確信を与えるのだ」

――ロバート・グリーンリーフ

MVVの浸透レベル

自社のMVVの浸透レベルを個々人に見た時に以下のレベルがあります。

- MVVの文言を覚えている
- MVVの意味を理解している
- MVVの事例を語れる
- MVVの行動は具体的に何かを考えている

●MVVに沿って行動している
●MVVが行動の前提になっている
●MVVを心から信じている
●MVVの伝道師になっている

自社（自部門）についてどういった段階にあるか診断し、一人でも多くの人が上のレベルの段階になるように教育することが大切です。

【本質において一致、行動において自由、全てにおいて信頼】

ドラッカーの本の中に、カトリック教会のこんなスローガンが紹介されています。

「本質において一致、行動において自由、全てにおいて信頼」

私が、この言葉に出会ったのが、ちょうどスターバックスの社長になったばかりの頃でした。「私はこの方針でやっていきたい」と全社員に向けての最初のマネジメントレター

組織に求められるものとは？

本質において一致

行動において自由

全てにおいて信頼

In essentials unity, in action freedom, and in all things trust.

〈カトリック教会〉

企業、NPOすべての組織の理想的な状態！

で紹介しました。

本質つまりミッションをきちんと共有していれば、細かなルールなど作らず、実際の行動は自由。みんな自分で考えてやれば大丈夫。ただし、その大前提として、互いに信頼し合うことが必要です。

誰かの行動の背景や理由をすべて他の人に知ってもらうことは不可能です。お互いの信頼感がなければ、その行動に対して、「なんであんなことをしているんだ」と不信感が募ってしまいます。しかし信頼感があれば「きっとその行動には何か理由があるのだろう」と不信感を持たずに済みます。

ルールや規則というのは、それを行う人への信頼がないからつくられていくものです。しかしながら世の中や状況がどんどん変化して行き、すべてのケースに対応できる完璧《かんぺき》なルールブックなどあり得ません。放っておくと、どんどん行動を制限するルールばかりが増えていってしまいます。

でも裏を返せば、本質において一致するミッション（「何」をではなく、「なぜ」やるのか？）が共有できて、お互いに信頼し合えれば、細かなルールなんて必要ありません。その時々の状況に応じて、自分で判断して行動する自由が与えられます。

会社が大きくなってくると組織が官僚化していきます。一人が不祥事を起こせば、その再発防止が叫ばれ、あたかも皆が犯人かのようなルールやマニュアルがどんどん増えていきます。何センチもある分厚いマニュアルを誰が覚えることができるのでしょうか？　私はそれよりも自分たちは何のために働いているのかという「ミッション」さえきちんと共有化しておけば良いと思います。

むしろ私はルールやマニュアルはみんなを守るために作るべきものだと思います。結果的には同じかもしれませんが、ここからここまでは自由にやって良いですよ。でもその先はダメだよと。例えば田舎道にまっすぐな4車線の道があります。ここだったら60キロぐらいスピードを出しても良いだろうと走っていたら、警察官がいきなり40キロの道路標識を立てて、あなたは20キロオーバーだと言われ反則切符を切られたら、誰しも怒るでしょう。


――私が著書でも講演でもよくご紹介するFさんのお話があります。スターバックスのお店のパートナーのFさんに憧《あこが》れていた女子高校生が、心臓病手術のためにアメリカに出発する早朝に、Fさんはシナモンロールを駅に届けに行ってくれました。残念ながらその女子高生は帰らぬ人となりましたが、お父様から感謝のお手紙をいただき私は知りました。Fさんは自分がルール違反をしているとわかっていたと思います。しかしクビになると思ったら決してやらなかったと思います。でもスターバックスのミッションに照らせばやるべきだと考え、行動してくれたのです。つまり彼女は会社を信頼してくれたのです。

私もマネジメントレターでこの話を全店に伝え、Fさんを褒めました。これがスターバックスだと。でも全店で毎朝シナモンロールをデリバリーすれば人が足りなくなってしまいます。そんなバカなことをしないだろうという前提が私の中にあります。つまりパートナー達を信頼しているから言えるのです。

一般的に企業では一人が不祥事を起こせば、あたかもみんなが犯人かのようにルールやマニュアルを作ろうとします。しかしミッションさえお互いが共有していれば、そんな細かなルールやマニュアルはいらないのです（詳しくは拙著『ミッション』アスコム）。

スターバックスのようにミッションが隅々まで浸透している企業では、数多くの感動的なエピソードが生まれます。そのエピソードを共有することでさらに浸透していきます。

「優れたリーダーはみな2つのことを理解している。ひとつは、全員が同じ意味を共有し、役割と権威を同じように理解していないかぎり、組織は機能しないということ。もうひとつは、全員が状況を同じように理解し、その理解に基づいて行動するための青写真を伝えることが、リーダーの重要な責任だということだ」

——ウォレン・ベニス

第4章のまとめ

- 企業は金儲けのためにあるのではなく、それぞれのミッションを達成することにより、世の中を良くするためにある。
- MVVとは何かしっかり定義し皆に理解してもらう必要がある。
- MVVは様々な人がいる組織を同じ方向に整列させることができる。
- MVVはメンバーに働く意味とやりがいを与えることができる。
- リーダーは繰り返しMVVを語る必要がある。
- 組織メンバー一人ひとりに自分自身の仕事上のミッション（ビジョン）を語らせ、それらと組織のミッション（ビジョン）を同じ方向に向けることが、共感型リーダーの大切な仕事である。

◉本質において一致、行動において自由、全てにおいて信頼。

第5章では、共感型のリーダーとして、とても大切なコミュニケーションについてお話をします。

COLUMN

桃太郎はリーダーか？

リーダーシップの研修で童話の「桃太郎」のお話を使って、リーダーについて考えてもらっています。皆さんもどう答えるか考えてみてください。正解はないのだということをあらかじめ伝えておきます。なぜそう答えたかの理由が大切なのです。

質問1「桃太郎はリーダーかリーダーでないか？」

だいたい8割ぐらいの人がリーダーだと答えます。皆（3匹）を引き連れて鬼退治をしたからというような答えが多いです。

リーダーではないという意見の理由で多いのが、「吉備《きび》団子で釣ったからリーダーではない」という答えです。

私は吉備団子ぐらいで命を賭《か》けさせたのだから、やはりリーダーだと思います。

質問2「では桃太郎がリーダーだとして、いつからリーダーになったのでしょうか？」

答えはだいたい二分して、鬼退治に行こうと決心した時と初めてフォ

桃太郎はいつから
リーダーになったのか?
日本一
日本一

ロワー（犬）ができた時です。面白いのは、「桃から生まれただけでカリスマ性があるから、生まれつきだ」という答えです。

私ならお爺《じい》さんお婆さんに話を聞き、鬼退治に行くと決心して、家を一歩出た瞬間と答えます。他の村人達も鬼のことはけしからんと思っていたでしょうが、誰も行動に移していなかった。思うだけなら誰でも思う。行動に移してこそリーダーだと私は考えます。

質問3「MVVの復習です。桃太郎のMVVはなんですか?」

多くの人が間違えるのが、ミッションを「鬼退治」としてしまうことです。桃太郎のミッションは「村の安全を守る」です。宇宙人がやってきたり、山賊がやってくれば、彼はまた立ち上がり、村人を守ってくれるでしょう。桃太郎にとって鬼退治はあくまでも一つのビジョンです。

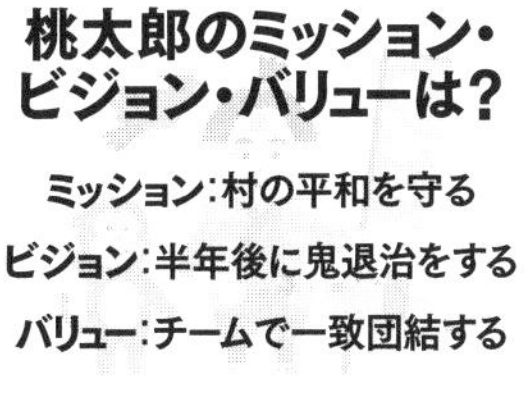
桃太郎のミッション・
ビジョン・バリューは?
ミッション：村の平和を守る
ビジョン：半年後に鬼退治をする
バリュー：チームで一致団結する

第5章

まず聴いて、
それから熱く話す

私が気を付けているのは、相手の話を聞くことです。
話を聞くと言うことは、相手の思いに触れることです。
選手の話はできるだけ聞くようにします。
聞き手にならなければ、相手の悩みや苦しみに近づくことはできません。

栗山英樹

『栗山ノート』

コミュニケーションは聴くスキルから

聴く態度が大切

本章では、共感型のリーダーになるために大切な「聴く」「話す」のコミュニケーションについて考えてみましょう。組織を動かすことのできるリーダーは、間違いなくコミュニケーションの達人です。

「私たち大人に求められることは何なのでしょうか。私はひとつには傾聴力だと考えます。大切なことは、伝えたいことがあるなら、まずは聴くということです」

——須江航（仙台育英高校野球部監督）

私は、リーダーは基本的に聴き上手になるべきだと思います。リーダーはいつでもメンバーにいくらでも語ることが許される立場です。一方でメンバーはリーダーに対して遠慮があり、緊張感もありますから、なかなかうまく話せないものです。ですから、リーダーは聴き上手になって、注意深く部下の声に耳を傾けなくてはなりません。メンバーはリーダーに話を聞いてもらいたいのです。そのときのリーダーの態度によってメンバーからの信頼度が大きく違ってきます。

話す相手が一番気になるのは、自分の言っていることが、相手にきちんと伝わっているかどうかです。話し手は、それを相手の反応によって判断します。聞き手の反応は次のような態度に反映されます。

- こちらに身体をきちんと向けているか。
- 話の途中で、適切に相槌《あいづち》を打ってくれるか。
- ときどき、こちらの目を見てくれるか。
- ほかに気をとられていないか。

もし、次のような態度なら、相手はまじめに話を聞いてくれていないと感じるでしょう。

- 身体を斜めにして腕組みをしている。

- 相槌を打たず、ただぼんやり聞いている。
- 話し手の目を決して見ない。
- 「なるほど」「よくわかります」など、理解を示す言葉を発しない。
- スマホや時計をチラチラ見る。

　このような態度では相手は話す意欲を失ったり、自分のことを軽んじられていると感じます。相手の話をきちんと聞くことは、リーダーにとって信頼されるための必要不可欠な最低条件です。

　大切な話のときには、スマホの電源を切っておくくらいの気配りも必要でしょう。話している途中で何度もスマホが鳴るのでは、話の腰を折られ、話す意欲が削《そ》がれてしまいます。また大切な話だと思えば、メモをとる姿勢も必要です。

「うちのリーダーはよく話を聞いてくれる」「困ったことがあれば、熱心に相談に乗ってくれる」と思われるか、「いつも人の話を上の空で聞いている」「一方的に話すばかりだ」と思われるか、信頼されるリーダーを目指すために、とても重要なことです。

　ある会社での管理職の選抜研修でのことですが、私が一所懸命話をしているのに、腕を組んで憮然《ぶぜん》とした表情で話を聞いている人がいました。その人の顔を見ると話し

にくくてしょうがなかったので、できるだけ見ないように視線を避けていました。しかしながらどうしても気になって、「聞く姿勢がなっていない」と怒りにも似た感情が込み上げてきてしまいました。そっちに思考が行って、肝心の自分の講義がつっかえてしまうのです。とうとう最後に「あなたの聞く姿勢はなっていない」と名指しで言ってしまいました。

他にも何人かよくない人もいたので、「今まで御社で何度も研修をさせてもらっているが、今回は一番聞く態度が悪い。皆さんは特別に選抜された人たちで、今後リーダーとして部下や外部の人と接することも多い。皆さんはどんどん偉くなっていくからこそ、もっと人の話を謙虚に聴く姿勢が大切なのではないか」と伝えました。その注意した人は、休憩中に謝りに来られましたが、ご本人は全くそういった意識はなく、これまでも注意されたことはないそうです。でも私はその人に対して注意してあげたことは、本人のために良かったと思っています。

また別の研修でもある女性の管理職が人の話を聴く時に眉間《みけん》に皺《しわ》がよるのです。これも話し手はとても気になるので、笑顔を絶やさないように気をつけた方が良いですよと注意したことがあります。

共感型リーダーの聴くスキル

共感型リーダーになるためには、相手の立場や視点に立ち、気持ちを理解し、共感を示し、尊重することが大切です。自分の意見を押し付けるのではなく、素直に相手の意見に耳を傾けることが必要です。その基本的な姿勢として以下のことを意識しましょう。

1．話の主体を相手にし、傾聴すること

自分自身の話はできるだけ抑えて、相手の話に興味を示し、尊重することが大切です。相手の話がさらに展開するような質問をしてあげることも必要です。注意深く聴き、話を遮《さえぎ》らず、熱心な聴き手として相手の話を受け止めることが重要です。

「傾聴」の意味は、相手の感情に寄り添い、相手が話している時に「もっと話したい、もっと聞いてもらいたい」と思わせるような、聴く態度、聴き方の技術のことです。

よく言われることですが、口が一つで耳が二つあることの意味を考えることが必要です。話すことは半分にして、聞くことを倍にする感覚が必要です。

――余談ですが、福耳と言ってお金持ちに耳の大きな人が多いのは、人の話をよく聞け

るからかもしれません。松下幸之助《まつしたこうのすけ》さんは本を読む代わりに、多くの経営者や高僧などから、よくお話を聞かれたそうです。

---

2. 聴く技術を高める

聴くという作業には忍耐がいります。まずそれを肝に銘じること。そして相槌の達人、質問の達人、表情の達人を目指すべきです。話を一所懸命聴いてあげることで、話し手本人のストレスが発散されて、問題そのものがそれだけで自然と解決するケースもよくあります。「〇〇さんに話を聞いてもらっただけで、スッキリした」と言われた経験は、誰しもあることでしょう。「あの人は話がわかる人」という褒め言葉ですが、それは聴き上手ということです。

3. 聴く姿勢を示す

相手の話に耳を傾け、真摯《しんし》に受け止める姿勢を示しましょう。相手が話しやすい静かな環境を整え、目を見て話を聞き、相槌を打ちつつ、意見ではなく質問という形を取るようにします。相手が答えに窮するような難しい質問や、矢継ぎ早に質問して、相手を問い詰めるようなことは絶対にしてはいけません。相手が安心して話せるような環境作りを心掛けましょう。

4. 目を見て話を聴く

相手が話している時は、目を見てしっかりと聴くことが大切です。ただ相手が緊張している時は、むしろ目線を少し下げて首元あたりを見ると良いでしょう。普通は目を見れば良いのですが、言いづらそうにしていたり、話の内容によってはわざと視線を外し、話しやすくしてあげる気配りも大切です。相手は話しやすくするために気を遣ってくれていると感じ、信頼感を生むことができ、本音も語ってくれやすくなります。

5. 聴くことに集中する

相手が話しているときは、周りの雑音や他のことに気を散らさないで、相手の話に意識を向け、聴くことに集中することが大切です。

落ち着きなく、体をゆすったり、何回も椅子に座り直すようなことはしない方が良いでしょう。また時計やスマホをチラチラ見ることは厳に慎みましょう。

間違っても相手の話を遮って、今までの話の流れと全く違った内容のことを話してはいけません。そうすると今まで一所懸命話したことを聞いていなかったのか、あるいは、興味がないのではないかと相手を白けさせてしまいます。

6. 聴くだけでなく、反応する

相手が話をしているときは、興味や関心を示すために、相槌を打ったり、言っている内容を繰り返したり、「これはこういう意味ですね？」と時々言葉の意味を確認しながら、反応することが大切です。これにより、相手は自分の話を理解しようとしてくれていると感じることができます。

「それでどうなったの？」「あなたはどうしたの？」「そうなんですね！」「それは大変そう」などと適切なタイミングで、感情込めて相槌を打つと良いでしょう。そしてできるだけ相手に共感するような言葉を選びましょう。

7. 賞賛する

さらに相槌だけではなくて、会話の途中で「それはすごい！」「なるほど、たいしたもんだ！」「面白い話ですね」など褒める言葉を混ぜると話し手は勢いづきます。ただし、わざとらしい表現は、馬鹿にされていると感じてしまうので、気をつけないといけません。心から賞賛することが大切です。

8. 要約する

相手の話を聴いた後は、相手の言ったことを要約し、自分が理解したことを確認することが必要です。これにより、相手との認識の相違を防ぐことができます。相手は自分の言いたいことを、きちんと理解してくれていると感じて安心感があります。場合によっては相手の話の内容を整理し、本人以上に話の本質をうまくまとめて感謝されることもあります。

私は外国人と英語で話す時は、自分の英語力不足もあり、相手の言っている内容を自分の知っている英語で返して、自分の理解が合っていることを確認するようにしていました。そうした時は大抵、相手はより易しい英語で私の理解を補ってくれます。

9．適切なタイミングで質問する

相手が話をしているときに、適切なタイミングで質問をすることで、相手の話を深めることができます。聞くことの最終目的は、相手のニーズを聞いてあげることです。気をつけないといけないのは、話し手が本音を語っているとは限らないケースがあるということです。さらに実は話している本人も言いたいことがわかっていないこともあります。その時は忍耐強く質問することによって、相手の内容を整理し、話の本質をクリアにしてあげることが大切です。

10. 話の腰を折らないこと

また聴き上手になるために大切なのは、相手の話がある程度進むまでは、なるべく口をはさまないことです。私はあなたの話を「もっと聞きたい」という姿勢で、途中で話の腰を折らないことです。相手が言い終わらないうちに、先回りして、「こういうことでしょう」と言いがちですが、これも気をつけましょう。

11. ノートをとる

話を聞くときに、メモをとることで、自分が理解したことを整理し、相手に示すことができます。また、後で見返すことで、より深く理解することができます。誰しも毎日忙しくしています。当然いろいろなことを忘れてしまいます。備忘録という意味もありますが、メモをとることで、話し手に対して「あなたの話を真剣に聞いている」というメッセージにもなります。

ザボディショップ（イオンフォレスト）の社長時代、取締役会で親会社イオンの岡田《おかだ》元也《もとや》社長に出席していただいていました。三桁《けた》も売上が違う子会社なのに、毎回熱心にメモをとっておられ、いつも身が引き締まる思いをしたことをよく覚えています。

共感型リーダーの聴くスキル

1. 話の主体を相手にし、傾聴すること
2. 聴く技術を高める
3. 聴く姿勢を示す
4. 目を見て話を聴く
5. 聴くことに集中する
6. 聴くだけでなく、反応する
7. 賞賛する
8. 要約する
9. 適切なタイミングで質問する
10. 話の腰を折らないこと
11. ノートをとる
12. 非言語的なサインに注目する

12. 非言語的なサインに注目する

相手の言葉だけでなく、相手の非言語的なサインにも注目することが重要です。相手の表情やジェスチャー、声のトーンなどを観察することで、相手の感情や意図を理解するよう集中します。本当はもっと違うことを話したいのではと感じることもあります。良い質問をするためにも、相手の話の本質を理解するためにも、相手の話しぶりや表情をよく観察し、相手の微《かす》かなサインを見逃さないようにしましょう。

私も相手の表情を見て、たまに「本当に言いたいことは、別にあるのではないですか？本当に困っていることは何ですか？」と尋ねると、「実は……」と本音の話が出てくることがあります。相手がまだこちらのことを信頼しきれず、様子を見ているのかもしれません。

心に届く話し方を知る

〔話すテクニック〕

1．相手の心に響く内容か？

私は、ザボディショップで社長を務めているときに、毎週月曜日の朝礼で15分から20分ほど話をしていました。その内容を全部文字に落として、お店のスタッフに向けて、ほぼ毎週3000文字の「マネジメントレター」を送っていました。お店の人達にも「社長は何を考えているのか？」「会社はどの方向に向かっていくのか？」「自分たちはどこに立っているのか？」を知ってもらい、「日頃のお店での販売活動への感謝の気持ち」を伝えたいと思っていました。いわば社長からのラブレターです。

朝礼の原稿を考える際に、いつも自分に2つのことを自問していました。

「今、社長として**何を伝えたいのか？**」

「今、みんなは**何を知りたいのか？**」

自分が伝えたいことを認識する、みんなが知りたいことを想像する。この2つを満たしていない内容では、心に届くメッセージにはならないと考えました。

自分の言いたいことだけを言うのでは、一人よがりになります。相手の心には響かないでしょう。相手の知りたいことだけを書くのであれば、そもそもメッセージを伝える意味がありません。

社長として、良かったこと、今気になっていること、問題だと感じていること、そして会社の業績、会社の方針などを伝えて、一緒に頑張っていきたいという気持ちと日頃の感謝の気持ちを書いていました。

一方で、自分がお店のスタッフなら、社長から何を聞きたいか、会社の何について知りたいかを想像して書いていました。

毎週3000文字を書くことはとても大きな負担でした。最低でも4、5時間はかかります。日曜日の夕方から書き出して、深夜になることも度々ありました。しかしながらお店の人達は「マネジメントレター」をよく読んでくれていたようです。

お店に行くと、スタッフの控え室にレターが貼り出されており、「岩田さんのレター、いつも楽しみにしています」とよく声をかけられました。その後何年もして、お店のマネージャーさんから「岩田さんのレターをずっと手帳に挟んで持っています」とのメールをいただいたこともあります。そして「いつも最後に書かれている『ありがとうございました』の言葉がとても印象に残っています」と教えてくれました。

2. どんな話を聞きたがっているか

会話においては、相手の立場を理解して話すことが大切ですが、それは多くの人に向けてスピーチをするときも同様です。

ただし、スピーチの場合、聞き手の中に多様な人が集まっていることが多いでしょう。年齢も性別も職種もさまざま。そんなときには、聞く人たちがどんな話を望んでいるかを知っておく必要があります。

私は何度もスピーチで大失敗したことがあります。その一つが、初めて社長を務めたアトラスという会社でのことです。社長就任演説を社員の前で行った時のことです。会社は3期連続の赤字の厳しい状態で、私はそれを立て直そうと強い意欲で臨みました。社員の皆さんに新社長の考えをしっかり示そうと、ビジネススクールで学んだ経営用語を使って話しました。

「これからは企業価値を高める経営が求められている。単に売上や利益だけではなく、キャッシュフローに着目した経営が必要だ」

熱弁を振るっている途中で、目の前の２００人近い社員からの反応が全くないことに気がつきました。「新社長はいったい何が言いたいのだろう」という白けた雰囲気でした。

アトラスはエンタテインメント事業を展開する会社で、社員のなかにはクリエイター、プログラマー、デザイナーなど専門職の人たちも多くいました。彼らが新社長から聞きたかったのは、どのように会社を立て直し、その後どんな明るい未来が待っているかでした。私は、小難しい経営用語を使わずに、自分自身の言葉で語りかけるべきだったのです。私は新社長として張り切りすぎて、聞き手のことを全く考えない一人よがりでした。

3. 自分の生の言葉で話す

借り物の言葉ではなく、本当の自分の心の奥から出てくる気持ちを自分の言葉で語りましょう。結局どれだけの本を読んできたか？　それによってどんなボキャブラリーを持っているかがわかります。それである意味スピーカーの知的レベルが分かってしまいます。一方どんな難しい言葉を使ったスピーチも、本当に心から溢《あふ》れ出たスピーチには勝てません。

アトラスでの就任演説の失敗経験で多くのことを学びました。数年後、ザボディショップで社長就任演説をしたときには、その経験を活《い》かそうと考えました。

私は社長就任までの2ヶ月間に、ザボディショップ創業者アニータ・ロディックの著書を読み込む一方で、多くの店舗に足を運び、社員との対話を繰り返しました。そして、就任演説では「社長就任挨拶《あいさつ》七つのお願い」を話すことにしました。

「一緒に働ける縁を大切にしましょう」「ともに人間成長しましょう」「大切な友人を自宅に招く気持ちで接客しましょう」など、私が心の底から思っている経営の方針や方向性について自分の言葉で話しました。その場にいた何人かの女性社員は涙を流しながら聞いてくれました。やはり自分の心からの言葉を伝えるのが一番だと感じました。聞く人の立場に立って、自分の生の言葉で話すことが、相手の心に伝わるスピーチを可能にします。**心から溢れ出た言葉は心に伝わる**のです。

4. 覚えやすいフレーズを使う

私は社長時代、自分の考えやメッセージをわかりやすく、覚えやすいキャッチフレーズやスローガンをつくって、伝えるようにしました。

――ザボディショップの社長時代には、「**アニータ100人計画**」というキャッチフレーズをつくりました。ザボディショップの創業者であるアニータ・ロディックは、チャーミングで情熱的で、事業を通じて世の中を変えていこうとしました。社員は皆アニータが大好きです。

アニータのような人が100人いれば、私は売上が簡単に2倍になると思いました。アニータを100人作るために、採用の基準や人材育成で意識して欲しいというメッセージです。

また社員に対する会社の姿勢として**「CSよりもES」**というキャッチフレーズもつくりました。百貨店やスーパーなどの小売業を見て、私が驚いたことは社員を大切にしていないことです。百貨店などの売り場は大理石の床にシャンデリアが飾ってあるのに、社員の休憩室はとても古くて汚いのです。スーパーなどの本社に行くと、コスト削減のために空調は効いておらず、蛍光灯を抜いた廊下は暗く、エレベーターも半分は止まっていました。お客様に1円でも安く商品をお届けするための涙ぐましい努力は素晴らしいのですが、そこに働いている社員のことは二の次、三の次なのです。

「お客様は神様」と言う言葉が流行《はや》りました。それ自体反対ではないのですが、私は**「一人のお客様と一人の社員だったら、社員の方が100万倍大切だ」**と言っていました。ですから「あまりにひどい理不尽なお客様がいれば、塩を撒《ま》いて帰ってもらいなさい。他にお客様は無限にいるのです」とも言っていました。

社員が自分の会社や仕事に対して満足ができていなければ、お客様が満足するサービスはできないと思います。一度にはできないですが、できるだけ働きやすい環境を整えることに注力していきました。

このようにわかりやすくシンプルなキャッチフレーズは、伝えたいことをしっかり相手に伝えるツールとして非常に有効だと思います。

5. 普段の意識がつい言葉に出てしまう

「言霊《ことだま》」。

言葉には魂が宿りますから、普段のちょっとした言葉遣いにも細心の注意が必要です。

かつて勤めていた日産自動車から管理職研修の講師として招かれたときのことです。講義が終わったあと、主催者である人事部門の若い担当者から次のような質問を受けました。

「ゴーンさんが発するメッセージが、なかなか末端には伝わりません。どうすればよいでしょうか？」

私はそれを聞いて思わず語気を荒らげてしまいました。「あなたは日産でもスターバックスでも後輩だから言うけれど、二度と『末端』という言葉を使ってはいけません。人を扱う人事を担当する立場の者が、末端などという言葉を使うのは駄目です」と。

製造や販売の最前線で働く人のことを「末端」と呼ぶのは大変な考え違いです。販売店のセールスの人たちが1台1台クルマを売ることで売上があがるのだし、工場で作業者の方が、1本1本ボルトを締めてクルマができているのです。人を扱う人事は特に言葉に気をつけなくてはなりません。悪気は全くなかったと思いますが、そういうつもりのアドバイスでした。

私がその日産に勤めているとき、取引先の製鉄会社の態度に驚いたことがあります。「鉄は国家なり」「鉄を売ってやる」という意識がそのまま表れていました。取引先はお客様のはずなのに、待合室には「**業者控え室**」と書かれており、そこで何時間も待たされたと聞きました。お取引先、お客様に対して業者と言うなんて、今考えてもおかしいと思います。お取引先は「業者」ではなくて、「お取引先様」と呼ばなければなりません。

こういった風潮は今でも多くの元官営企業に強く残っているように感じます。

スターバックスでは、社長も昨日入ったアルバイトのスタッフも全員を「**パートナー**」

と呼び合い、本社も店舗をサポートするという意味で「**サポートセンター**」と言っています。小さなことかもしれませんが、普段の言葉遣いを大切にしなければなりません。

夢の国東京ディズニーリゾートでは、お客様のことを「ゲスト」、スタッフのことを「キャスト」と呼んでいます。普段の言葉遣いの中に、その会社のカルチャーやミッションの浸透度が出ます。

6. 言葉一つで部下のやる気が変わる

言葉遣いに無神経なリーダーは、部下のモチベーションをあっという間に下げてしまいます。なかには、部下を全否定するような言葉遣いをする人がいます。仕事がうまくいかなかったときに「**君には**無理だったかな」「**やはり**お前はダメだったな」などと言うデリカシーのかないタイプです。

「やはりお前はダメだったな」と言われた部下は、自分は仕事をする前から失敗すると思われていたのかとがっかりして、次の仕事へのやる気が失われるでしょう。それだけ、言葉遣いは大切です。

リーダーは、どんな言葉を使ったら部下は、どう思うのかという想像力を働かさなければなりません。リーダーが使う言葉によって、部下のモチベーションも違ってきます。リーダーは、普段から言葉遣いに気をつける必要があります。

この場合「**君でさえ**できなかったのは、よほど難しい案件だったのだね」と言われればどうでしょうか？　部下への期待が大きいことがきちんと伝わるでしょう。

何十年もたった今でも、私にとって忘れられない言葉の一つに、日産自動車時代の上司の言葉があります。私が社会人生活を始めた2年目。日産自動車で取引先の部品メーカーに派遣されて、生産性向上の提案をする仕事をしていました。このとき、私は悩んでいました。取引先の経営者にどのような提案をしていいのか戸惑っていました。実際、私の生意気な発言で、ある会社の社長さんを怒らせたこともあります。

そんな時、今でも尊敬している当時の上司だったFさんから、

「**お前が失敗しても、日産は潰《つぶ》れないから、思い切ってやってこい！**」

この言葉で私は救われました。

そうだ、自分が失敗したって日産は潰れない。思い切ってやろう。今自分ができることを一所懸命やろう、と必死になって生産管理や品質管理の勉強をしました。

それ以来、経営者の方にも積極的に提案できるようになり、プロジェクトの人たちと油まみれになりながら、製造ラインで夜中まで討議を繰り返し、成果を出すことができました。

その後、担当した部品メーカーさんは日産品質管理賞、さらには名誉あるデミング

賞まで獲得されました。ほんの少しですが、お役に立てたかなと自負しています。それもすべて、勇気の出る言葉をかけてくれ、いつも陰からフォローしてくださった上司のFさんのお陰です。

例えば仕事の上では、私は部下に対して「**何か手伝うことない？**」とフォローしていました。ただ「できたか？」と聞いても、相手はカチンとくるだけかもしれません。でも「何か手伝うことない？」だったら、もっとソフトに「あの仕事はどうなったの？」と進捗《しんちょく》を聞いていることと同じになります。

そして、相手が困っていることがあったら、サポートするのがリーダーの仕事です。予算の調整や外部との交渉など、リーダーにしかできないことがあります。

リーダーの言葉ひとつで、メンバーのやる気は変わります。そして、私がそうだったようにずっと心の支えになったりするのです。あるいは「この人のために」と頑張れます。私の上司のFさんのような勇気とやる気が出る言葉をかけることが、人の心を動かし、その人の心にずっと残ります。

「自分が何を望み、何を期待しているかを相手に伝えなければ、リーダーにはなれない。群衆を立ち上がらせることができなければ、効果的にリードして行くことはできない」

――ロバート・クランドール（元アメリカン航空ＣＥＯ）

7. 賞賛や感謝を口にする

相手の努力や行動を褒めたり、感謝の気持ちを伝えたりすることで、相手に自信を与えたり、モチベーションを高めたりすることができます。特に褒める時には少し大袈裟《おおげさ》なくらい賞賛してあげることが大切です。できれば朝礼や会議の場でみんなの前で、褒めることをしてあげましょう。

私は例えばある組織で人を褒めることは、実は残りの人たちを叱っていることと同じではないかと思っています。他の人もできているのなら、わざわざ褒めたりしません。つまり一人を褒めるということは、他の人を叱っていることなのです。みんなも見習ってほしいという思いもあります。しかしそう受け取ってくれる人は、とても少ないだろうとは思います。

また小さなことでも必ず「ありがとう」と労《ねぎら》いの言葉をかけるようにしましょう。

私は採用面接をするときにお茶を出してくれた人に、きちんとお礼を言えるかどうかを人物評価の判断の一つにしています。

8. 大切なことは繰り返す

価値ある言葉も重要なメッセージも、その真意が伝わり相手に何らかの影響を与えなければ意味がありません。

「ミッションの大切さ」について、講演やコンサルティングをしていると、よく受ける質問があります。それは、社長など組織のリーダーからの「会社のミッションが、なかなか社員に浸透しません。どうしたらいいのでしょうか？」という質問です。

私は次のように答えます。

「まずはトップとして、ミッションについて繰り返し繰り返し言い続けてください」

リーダーは、念仏を唱えるように、自分が伝えたいメッセージを何度でも言い続けることが大切です。それで初めてトップの「本気度」がメンバーに伝わっていくのです。

「門前の小僧習わぬ経を読む」

お経の意味がわからなくても、何度も聞いていているといつの間にか覚え、何となく意味がわかってくるということです。

読書についても、同じです。自分にとっての良書は何度も読み返すべきです。私も若い頃に読んだドラッカーを、経営者になって読み返すと、その深い洞察に目から鱗《うろこ》が何枚も落ちました。
ほとんどの人は、本は1回読むだけですが、良い本は繰り返し読むべきだと思います。学生時代の試験勉強で教科書を1回読んだだけで、すべて頭に入る人はいません。仮に10回読んだとしても、普通はテストで満点は取れません。
試しに本を読み終えたら、どんなことが書かれていたか人に話してみてください。結構あやふやで「え、何が書いてあったっけ?」と、ほとんどの人は内容をきちんと説明できません。もちろん小説や雑誌、読んでいる時が楽しければ良い本もあります。そこから何かを学ぼうとしたら、学校の教科書のように、何度も読み返して、ラインマーカーで色をつけたり、書き込みをしたり、要点をノートに取ったりするべきです。それで初めて著者の言わんとしていることを学び取れるのです。

私は社長として、どうしても伝えたいことは何十回も話しました。「また岩田さんは同じ話をしている」と思われていたでしょう。しかし、大切なメッセージは、何十回、何百回、繰り返し言ってもいいと私は思います。

ちなみにミッションを浸透させるために、もう一つ大切なことは、ミッションをしっかり体現している人を評価することです。つまり端的に言えば誰を偉くするか、しな

いかです。究極は誰を次の社長にするかです。会社のミッションや価値観を大切にしている人、体現している人をきちんと評価し、偉くしなければなりません。売上や利益などの定量的な部分でも仕事ができることは大前提ですが、会社の価値観に合わない人を決して偉くしてはいけません。

お客様を大切にするという価値観があるのに、お客様をだまして売上をあげる人がいます。チームワークを重視しようという価値観なのに、仲間の足を引っ張る人もいます。いくら数字が良いからと言って、こういう人を決して偉くしてはいけないのです。もちろん数字をあげ会社に貢献してくれたことは事実ですから、ボーナスなどの金銭的な報酬で報いるべきです。西郷隆盛も言っているように「功のあった人には禄《ろく》(金銭)を与え、徳のある人には爵(地位)を与える」のです。

9. 同じことを聞いてピンとくる人、こない人

コミュニケーションの基本は「**質×量**」です。中身の濃いコミュニケーションを数多くすることで相手と意思疎通が図ることができます。

また同じメッセージでも角度を変えて伝えることで、伝わりやすくなります。

例えば、表現方法を変えたり、「たとえ話」を使えば、ストンとお腹に落ちることがあります。Aという言葉でピンとくる人もいれば、Bという言葉に反応する人もいる。言っ

ている内容は同じでも、その人によって、理解しやすい言葉が違うのです。

例えば相手が野球を好きな人だったら、野球を例にとって話せば良いのです。責任範囲が曖昧《あいまい》な場合、「それは三遊間のゴロみたいだから、まずはサード（営業）が飛び込んで、そのバックアップにショート（マーケティング）が控えるという感じでいきましょう！」と野球を例にとって話すと腹落ちするかもしれません。

同じように会社のミッション、戦略、プロジェクトの目的など、一度言っただけでスタッフ全員に伝わるはずがないのです。内容は同じでも違った場面で、違った表現で繰り返し伝えることが大切です。

10．「伝える」と「伝わる」は違う

コミュニケーションにおいて心しておかないといけないことは、**「伝える」ことと「伝わる」ことは同じではない**、ということです。相手に「伝わる」ようにするためには、何度でも同じことを繰り返さないといけません。さまざまな角度の伝え方を工夫して、相手の心に響くように言い続けていくのです。メッセージを繰り返し発し続けることによって、本当に重要なことが伝わっていきます。しかしそれでも本当に伝わっているとは限りません。

例えば、指示を出すにせよ、メッセージを送るにせよ、ただ「伝える」だけでは意味がありません。相手の心に響かせ、何らかの影響を与え、**相手の行動を変えて**初めて、伝わったことになるのです。

相手に指示を出しても、相手が動かなかったら、それは「伝えた」だけで「伝わっていない」ことと同じことです。「伝える」だけでは意味がありません。

では、相手に伝わったかどうかを確かめたいときには、どうしたらいいのか？

軍隊のように「**自分の言葉で復唱**」してもらうのが一番良いと思います。さらに軍隊で作戦を立案した参謀は、戦場まで出かけて作戦がきちんと実行されているか必ず見に行きます。こういったことは実際の企業活動でもとても大切です。だいたいコミュニケーションのミスで多くの無駄な時間を費やしたり、不具合が生じるものです。「伝えた」のに「伝わっていない」のは、相手の問題ではなく、こちらの問題です。いかにしてうまくメッセージを伝えるかは、とても大きな問題です。かつフォローをすることが大切です。

きちんと相手が理解できる形で、こちらの意図を伝えて、行動を促して、実行しているかを確認して、きちんとフォローして、その案件が完了して、初めて仕事が終わったと言えるのです。さらにその結果に労いの言葉をかけたり、褒めてあげることができたら完璧《かんぺき》です。

「やってみせ、言って聞かせて、させてみせ、ほめてやらねば、人は動かじ。
話し合い、耳を傾け、承認し、任せてやらねば、人は育たず。
やっている、姿を感謝で見守って、信頼せねば、人は実らず」

——山本五十六《やまもといそろく》

11．感情的になってはいけない

また、人に何かを伝えるときは、一時の感情で言葉を発してはいけません。私もついつい カッとなって言ってしまうのですが、ほとんどの場合、後で後悔します。相手の怠慢や悪意を感じたりして、思わずカッとくることは誰にでもあります。

しかし、そこをグッとこらえて一呼吸置くことがとても大切です。冷静になって、どうすれば、相手にその怒りがわかってもらえるかを考えた方が得策です。

感情に任せて言葉を発してしまって、相手の心を決定的に傷つけてしまうこともあります。自分がただ勘違いしていることだってあります。

相手の気持ちや状況を考え、自分の気持ちを少し落ち着かせてから、言葉を選んで話す。リーダーと呼ばれる人は、特にそういう配慮が必要です。

だいたい夜中に書いたメールは感情的になっているので、その場で出さずに、必ず翌朝冷静になって見直すことがとても大切です。たいていの場合は出さなくてよかったということになります。

政治家や大企業の経営者が、その場の勢いで話した言葉が大問題に発展し、記者会見を開いて謝罪したり、失職する事件が後を絶ちません。軽はずみな発言が世間から糾弾されて、大炎上し会社が倒産に追い込まれることさえあります。

そういう事件は、決して他人事《ひとごと》ではありません。一時の感情で口にしてしまった言葉は、もう取り返しがつきません。発した言葉は決して消えません。永遠に人の記憶に残り続けてしまいます。

私も何回か「かっ」となって短絡的に反応し、後で考えると大きな損になってしまったことがあります。

何かを伝えるときは、まずはフッと立ち止まって冷静に考える。取り返しのつかない発言をしないよう細心の注意を払うことが必要です。

12.「ビッグワード」を使うな

私はビジネススクールの授業や企業研修などで

「**ビッグワード**を使わないように」

とよく言っています。ビッグワードとは、わかったような、わからないような定義がはっきりしない抽象的な言葉のことです。もしそういった言葉を使うなら、**定義をはっきりし**

てから使うべきです。

例えば「グローバル人材」。ある政府系の教育機関に「グローバル人材」についての講演を依頼されました。そこで「グローバル人材とは、どういう意味ですか？」と確認すると、「よくわかりません」という回答でした。定義もはっきりしないことについて、講演することはできません。英語ができる人なのか、国際的に活躍する人のことなのか、「グローバル人材を目指せ！」と言われても、どんな人になればいいのか、よくわかりません。ちなみに私のグローバル人材の定義は「良き日本人であること」です。

もっと身近な例で言うと「赤」といっても、サンタクロースの服、郵便局のポスト、リンゴの色など、いろいろな「赤」があります。「郵便ポストの赤」と具体的な言葉で示せば、相手との認識がブレることなく、同じ色をイメージできます。一番良いのは「○○番の赤」というカラーコードを伝えるのが確かです。これがプロの仕事のやり方です。

13. コミュニケーション手段の多様化

コミュニケーション手段を多様化することで、相手に合わせたコミュニケーションを行うことが必要です。メール、電話、ビデオ通話、対面など、適切な手段を選択し、相手に理解されるように努めることが必要です。

コロナ禍もあって多くの場合、ビデオ会議システムを使うことも一般化していきました。

共感型リーダーの話すテクニック

1. 相手の心に響く内容か?
2. どんな話を聞きたがっているか
3. 自分の生の言葉で話す
4. 覚えやすいフレーズを使う
5. 普段の意識がつい言葉に出てしまう
6. 言葉一つで部下のやる気が変わる
7. 賞賛や感謝を口にする
8. 大切なことは繰り返す
9. 同じことを聞いてピンとくる人、こない人
10. 「伝える」と「伝わる」は違う
11. 感情的になってはいけない
12. 「ビッグワード」を使うな
13. コミュニケーション手段の多様化

リモートワーク中のチームメンバーとコミュニケーションをとることで、対面できない分コミュニケーションの量を向上させています。

しかし話の内容の重要度によって、そのツールを使い分けないといけません。やはり重要な内容であれば、対面で1対1で話すことが基本だと思います。

最近は、SNSから火がついて大炎上といわれるトラブルに発展するケースも少なくありません。SNSに書いた言葉は、話し言葉以上に深刻です。一度インターネットにアップしてしまったら、誰かに保存・拡散されたりして、二度と取り消すことができません。ある部分のみ切り取りされて、本来の趣旨と全く違う内容が流布されてしまうこともあります。せっかく素晴らしい仕事を成し遂げても、インターネット上に書き残した過去の失言がクローズアップされて糾弾されてしまうことがあります。最近ではある作曲家が過去のいじめに関する発言から、とても大きな仕事を辞退せざるを得ないケースがありました。

今の時代はそんなこともあり得ます。会社の仕事はもちろん、個人のX（旧ツイッター）やフェイスブックでも、くれぐれも注意しないといけません。

第5章のまとめ

- MVVを浸透させるには繰り返し伝えることが大切。
- リーダーが聴き上手にならないといけない。
- 聴く態度はとても大切。
- 適切にうなずいたり、質問したりする。
- 話す時は相手の気持ちになって、わかりやすい言葉を使う。
- 言葉遣いによって、相手の共感度合いが変わる。
- オンライン上も含めて、いったん発した言葉は消えないことを肝に銘じること。

C　O　L　U　M　N

チャレンジャー号爆発事故

1986年1月28日スペースシャトルのチャレンジャー号が打ち上げ直後に爆発し、乗組員全員が死亡しました。これはアメリカ史上最悪の宇宙開発事故となりました。

実はこの事故は避けることができた人為的ミスです。打ち上げの前日に部品を納入している会社の技術者が、チャレンジャー号のO《オー》リングに重大な欠陥があることを上司に報告していました。

しかしその警告が無視され、打ち上げは決行されました。その技術者は勇気ある行動を取りましたが、それはキャリアの終わりを意味しました。退職後、彼は内部告発や倫理問題に関する講演で生計を立てているそうです。

どんなに立派な行為でも異論を唱える人間が組織に受け入れられることはまれです。（特に悪い）真実を上層部に伝えてくれる部下ほど、組織にとって価値ある者はいません。

トヨタでは、部下から悪い報告が上がってきたら、真っ先に「ありがとう」と上司は答えるそうです。

一般的に組織は悪いニュースを隠蔽《いんぺい》するためなら、時には社会倫理さえ犯す危険性が報告されています。少し前に頻発した自動車業界や電気業界の不正検査はその顕著な例です。

これに対して本物のリーダーはどんなに耳が痛いことでも、貴重な真実を話してくれる人物を歓迎します。無批判に追従する取り巻きほどリーダーを堕落させる者はありません。

反対派の指摘は常に正しいわけではありませんが、リーダーに自分自身を見直し、これまでの過程を点検し、弱点を発見する機会を与えてくれます。よいアイディアは批判されることでさらに磨かれます。上司に真実を伝えることは勇気が必要なだけでなく、ネガティブな反応を受けることさえあるかもしれません。

そのためリーダーは意識的に声を上げることが、とても大切であることを組織に徹底すべきです。なんでも言える風通しの良い組織を作っていくことが求められます。

EMPATHETIC
LEADERS

第6章

人前で話すコツを掴む

指導者にとって、
コミュニケーションは唯一最大の武器である。
有能なリーダーを目指すなら、コミュニケーション能力と
温かい心の両方を持たなければならない。
どれほど情熱があっても、どれほど思いやりがあっても、
それを相手に伝えることができなければ失格である。

アニータ・ロディック

聴衆に伝えるための技術

〔プレゼンテーションの極意〕

私が事前の準備段階を含めて間近で見る機会を得た、アニータ・ロディックのプレゼン術をご紹介します。

私がザボディショップジャパン（イオンフォレスト）の社長になってまもなく、アニータは日本の15周年のお祝いに駆けつけてくれました。彼女が来日した別の目的は、「ストップ・バイオレンス・イン・ザ・ホーム」という家庭内暴力（DV）防止のキャンペーンの一環として、日本各地でスピーチをすることでした。その中には大企業のCSR責任者に対するプレゼンテーションの日程も含まれていました。

東京にやって来た彼女は、まず聴衆の層を確認します。当初は学生など若い人が多いと考えていたようですが、どうも役職が高い経営者レベルが中心と知って、前日の深夜までロンドン本社とやり取りして、プレゼン資料をすべて作り直していました。当時はまだインターネットも身近ではなく、ファックスや電話でやり取りをしていました。

アニータから、話に説得力を増すためには、資料やプレゼンの中に具体的な数字を入れると良いことも教えてもらいました。

「マツオ、こういったDVのパンフレットを作る時は、日本女性5人に1人がDVに遭った経験があるとか、毎年日本では2万8000人以上のDVの被害相談が警察にあるとか、具体的な数字を大きく見出しに書くようにするのよ」

とても丁寧にキャッチーな内容にするようアドバイスをもらいました。実際ザボディショップが世界的なブランドになったのは、彼女の独創的なマーケティングセンスによるところが大きかったと思います。

例えば日々の小さな努力の差が長い間で大きな差が出ることは、このように書くとすごく説得力が増します。

1・01の法則　1・01の365乗＝37・8

毎日前日より1％多く頑張ると37・8倍になる。

1.01の法則

$$1.00^{365} = 1.00$$ （前日と同じ）

$$0.99^{365} = 0.03$$ （1％さぼる）

$$1.01^{365} = 37.8$$ （1％頑張る）

0・99の法則　0・99の365乗＝0・03

毎日前日より1％さぼると0・03倍になってしまう。

毎日前日よりわずか1％頑張るか頑張らないかでこんな大きな差が出てしまうことが、実感されます。できるだけプレゼン資料には具体的な数字を入れると印象的になります。一時本のタイトルに数字を入れるのが流行《はや》ったのも、これに関係していると思います。

一方で、スターバックスの創業者ハワード・シュルツのプレゼンテーションも、とても感動的で、人々を魅了します。彼も、アニータ同様、結構な長時間のスピーチでも原稿を一切見ません。しかも彼の言葉や立ち居振る舞い、間のとり方は、聴く人の心を鷲《わし》づかみにするのです。

私が見る限り、ハワードは、場の雰囲気を読みながら、その場その場で言葉を選び、自信を持って話をしていました。もちろん場数を踏むことも重要です。

しかし本質は、話すべき確固としたコンテンツがあることと、事前準備です。

本当に心から伝えたいという気持ちが準備に表れ、本番で相手に伝わるのだと思います。

「心からあふれ出たものは、相手の心に注ぎ込まれるのです」

——ハワード・シュルツ

ちなみにハワードの最初の自伝『スターバックス成功物語』の原題は、*Pour Your Heart Into It*（心を注ぎ込む）です。

プレゼンテーション3原則「動け」「問え」「待て」

人前で話すプレゼンテーションには、3原則があります。それは「動け」「問え」「待て」です。私自身もなかなかできていないのですが、TEDなどで評判の高いプレゼンテーションはこの原則に従っています。

・動け

聞き手の注意を引くには会場を動き回ることが大切です。聴衆の中まで入ってライブ感を出すことも時には良いでしょう。もし動き回れないのであれば、ジェスチャーを大きくとることで、カバーすることができます。

・問え

絶えず聴衆に質問を投げかけることは、聴く側の注意を引く最良の方法です。一方的に話すのではなく、時々聴衆に問いかけて、自分の頭で答えを考えてもらうのです。ほとんどの場合、話し言葉は右の耳から左の耳に抜けていきます。その時に、こちらから質問することで、その言葉を頭の中に繋《つな》ぎ止めることができます。聴衆に問いかけることで、人ごとではなくて自分ごとになります。参加意識が増すのです。

・待て

聞いている人に考えてもらう時間を持ってもらうのも必要です。もしくは相手の注意をひく方法として「間」を空けることです。落語などはその「間」をとても大切にします。この「間」がない人は「間抜け」と呼ばれるのです。会場が騒がしい時は、静かになるまでわざと小さな声で話し出したり、口だけ動かしてみるテクニックもありです。

私は講演などの最初の出だしは、わざと小さな声で話し始めます。そうすることによってざわついた雰囲気を静めることができます（困るのは主催者の方が、マイクの音量をその時にあげてしまうことです。事前に打ち合わせしておいた方が良いかもしれません）。

緊張をほぐすために

人前で話すときには誰しも緊張します。私は、社長として大勢の社員の前で話したり、セミナーや講演で数百人を前にスピーチする機会が多かったのですが、それでも毎回緊張します。

そうした緊張をほぐすために私は7つのことを行います。

1. 開き直り

一つめは開き直りです。

「熱意とコンテンツがあればなんとかなる」と開き直るのです。

苦手だとか緊張するからといっても、スピーチからは逃れられないのですから、あとは腹を決めるしかありません。次項でも述べますが、スピーチの成功は事前準備につきます。それで、十分な内容（コンテンツ）を準備して、自分のなかに聴衆にぜひ自分の思いを伝えたいという熱意があれば、あとは開き直るしかありません。

「もし、スピーチが失敗しても会社が潰《つぶ》れるわけではない」「この世の終わりではない」「1時間恥をかけば良い」と腹をくくることです。

そう開き直ることができれば、少し緊張がほぐれます。

2. 原稿は用意するが読まない

緊張をほぐすためにやる二つめのことは、用意した原稿を読まないことです。

話すべき内容は原稿にしますが、それをあえて読まないのです。私は大筋が合っていれば、その場で思いついたことを話せばいいと思っています。

原稿通りに話そうとすると、自分で自分を縛ることになって、よけいに緊張します。無理やり原稿通り話そうとすると、棒読みになったり、行を飛ばして読んでしまったり、パニックになってしまうことがあります。原稿を見ようとしても心が動転していますから、どの場所かすぐに見つかりません。それで話が支離滅裂になってしまうのです。私も何度も経験しました。

ですから、私は、原稿は作成しますが、読まずに手に持って話します。私の場合、原稿は「お守り代わり」なのです。本当に内容を忘れてしまったら、見る程度にしますが、実際は見ることはほとんどありません（動画「問い続けるミッション」岩田松雄、TEDxKeioSFC参照）。

ただし出だし部分については、暗記できるほどしっかり頭に入れておくことが必要です。出だしがうまくいけば心も落ち着きます。それでも本当に足が震えるほど緊張したら、冒頭部分だけは原稿を読んでも良いと思います。キーワードだけ書いた小さなメモを持っておくのも良いでしょう。私も時々あるのですが、大切なことを飛ばしてしまうことや、内容は合っているのだけれど、言う順番を間違えることがあります。それを避けるためにも目次的なメモを持っていると良いでしょう。

3. 熱心に聴いてくれる人を探す

三つめは、話し始めてからのことですが、自分の話を熱心に聴いてくれる人を探すことです。

話にうなずいてくれている人を見つけて、その人に向けて話すのです。ともかく一人でも自分の話を真剣に聞いてくれているとわかれば、一気に緊張が解けて落ち着くものです。さらに会場を見渡せば、他にもうなずいている人が何人か見つかりますから、それらの人たちに順番に顔を向けて話しかけます。聞いている人たちには、全員にまんべんなく視線を送りながら話しているように見えます。

なかには、無表情に聞いている人や居眠りしている人、携帯をいじっている人もいますが、そういう人は見ないようにします。そういう人に注意を向けると、「話がつまらないのだろうか」と不安になるので、うなずいてくれる人だけに話しかけるようにするのです。ただ講演している時は、そうした聞く態度の悪い人が、話の内容に興味を示し、前のめりになって聴くようになった時に「やったー！」とやり甲斐《がい》を感じます。

4. 場数を踏み十分な準備が緊張をほぐす

会社でのポジションが上がっていくと、大勢の人の前で話をする機会が増えていきます。数人の部下の前ならともかく、数十人の前で話すのは苦手だという人もいるでしょう。多くの人は人前で話すのが苦手なものです。では、どうすれば、大勢の前で緊張せずに、伝えたいことを伝えられるようになるかといえば、やはり**場数を踏む**ことです。

宴会でもちょっとした会合でも、スピーチを求められることはあると思います。その時は尻込《しりご》みをしたり、遠慮しないで、たとえ一言二言でも気の利いたことを話すように心掛けるのです。何となく、順番が回ってきそうだったら、ちょっとしたキーワードだけでも紙切れに書いて、チラチラ見ながら話せば良いのです。何度も人前で話す経験をすれば、誰でも慣れていきます。経験の浅い人が、とりあえずスピーチを無難にこなすには何が必要かといえば、やはり「準備」です。良いスピーチをするための秘訣《ひけつ》は、十分な準備に尽きます。

私は結婚式のスピーチでもしっかり原稿を書いて、順番が回ってきそうだったらトイレの個室に駆け込んで一所懸命に練習をしていました。結構笑いがとれて好評だったみたいです。

十分な準備ができていれば、スピーチは必ずうまくいきます。

話をする内容についてメモや原稿をつくることはもちろんですが、加えて必要なことがあります。私はそれを怠っていたために大失敗をしたことがあります。

5. 会場を事前にチェックする

アトラスの社長時代、新型ゲーム機の発表会でメインゲストスピーカーとして話をする機会がありました。会場は六本木《ろっぽんぎ》にあるディスコのような華やかなところでした。

当然ながら原稿は用意しました。内容は自分で考えたものですから、台の上に置いた原稿を時々見て、話が脱線しないようにすれば大丈夫だろうと思っていたのです。ところが、実際のステージに立ってみると原稿を置く台がありません。

想定外のことに気づいた瞬間、薄暗い会場で報道陣からカメラのストロボが一斉にたかれ、目の前が真っ白になると同時に、私の頭の中も真っ白になってしまいました。

まったく予想していなかった事態に、私はしどろもどろになってしまい、何を話したのか一切覚えていません。

このときに学んだのは、事前にスピーチのシチュエーションをきちんと把握しておくことです。

●原稿を見て話すことができるのか？
●マイクを使うのかどうか？
●演台があるのかどうか？
●会場の広さはどれくらいか？
●どんな人に向けて話すのか？

こうしたことを必ずチェックしておくことです。

社内で行うスピーチであれば状況はだいたいわかりますが、社外で行うときにはわかりません。可能であれば事前にその場を下見しておくか、最低でも会場の写真を送ってもらうとよいでしょう。

初めての場所で初めての人たちにスピーチするのはとても緊張します。直前でも良いので会場に行き、スピーチする場所に立って、会場を見渡しておくことが大切です。

6．前のスピーカーの話をふる

スピーチで大切なことは早めに会場の空気を温めることです。

自分の緊張がとけて、聴衆がリラックスできれば、スピーチはうまくいきます。私の経験では、午前中の講演では、なかなか会場が温まりません。会場を温めて自分の緊張感をとるためにジョークを言うのですが、午後からの講演のようには笑いがとれません。とくに朝一番のスピーチの時は気をつけないといけません。

ある地方の信用金庫の労働組合に呼ばれた早朝の講演会が、今までで一番話しづらい場でした。皆眠そうな顔でイヤイヤ参加させられたという雰囲気が伝わってくるのです。何を言っても反応がないし、冗談を言っても一切受けないのです。

次に集まっている聴衆同士の関係性も大きく左右します。同じ会社である程度知っているもの同士の場合は、場が和みやすく、質問も出やすいです。反対に知らないもの同士が集まっている場合では、一般的に会場はとても硬い雰囲気です。よくテレビやラジオでは、本番前に若手芸人の「前説」があって、場を和ませますが、とても重要なことだと思います。

私が講演でやるのは、話し始めの「つかみ」です。最初にうまく聞き手の関心を引いたり笑いがとれたりすれば、あとはうまくいきます。事前にその地域や会社のことを調べておいて、何か面白そうなトピックスを使うのです。

一番簡単なつかみは、前のスピーカーの話を受けるやり方です。

例えば、「今○○先生から、コミュニケーションを円滑にするには○○するといい、というお話がありましたが、私は○○が苦手でして、大いに反省しているところです」などというつかみを使います。

前のスピーカーの話が使えないときには、私はこんなつかみを使うこともあります。「スターバックスの元CEOというから、すごい人が出てくるかと思っていた方もいるかもしれません。いや、ご覧のとおりです。私はただのおじさんです。それでもラッキーなことにスターバックスの社長になることができました」

最近ある講演会で、テレビにもよく出てくる官僚あがりの評論家が、私の前で講演したのを聞いていました。次に話す私のことを暗に指して、「つまらないコンサルタントの講演」と揶揄《やゆ》したのです。その評論家の話の内容は「イノベーションを起こすにはオタクを採用しましょう」という陳腐な話でした。私はそれを受けて「今からコンサルタントがつまらない話をします」と、前置きに使ったら、会場は大爆笑になり

ました。そして「オタクを雇っても全く機能しませんよ」と返したのです。実際組織にはオタクは馴染《なじ》みません。これはあまり良くない例かもしれませんが。

7. いじられキャラを探す

私が上場企業の研修の場でも、よく使う「つかみ」は、

「御社では昨年に続いて、今日が二回目の研修です。前回の受講生がとても素晴らしかったので、御社の株を買いました。今回の研修後その株を売ることにならなければ良いと思いますが……」

大企業の部長研修をする時は、

「ベンチャー企業の経営者によく言っているのは、大企業の部長ほど使えない人たちはいません。彼らはお神輿《みこし》の上に乗っているだけで、手が動きませんから。学歴や会社の規模で人を採用すると痛い目に遭いますよ、と。皆さんは〇〇会社の部長という肩書を取ったら何が残りますか？」

このような、無遠慮なつかみも受けるようです。また社内でよく「いじられている人」が何となくわかるものです。風通しの良い会社では、時には社長の場合もあります。そういう人をネタにいじると「いつもの雰囲気」になって、とても話しやすくなります。

笑いがとれると一気に会場が温まります。同じつかみを話しても、TPOによってはずすこともあります。よくその場の雰囲気を観察しないといけません。

私は、講演や研修の一番の楽しみは「親父ギャグ」を言って笑ってもらうことです。しかし冗談を言っても笑ってもらえないときには、「ここは笑うところですよ」と**笑いを強要することで**、その場を切り抜けています。

「凡庸な教師はただしゃべる。
良い教師は説明する。
優れた教師は自らやってみせる。
しかし偉大な教師は心に火をつける」

――ウィリアム・アーサー・ウォード

第6章のまとめ

- 共感型のリーダーになるためには、まずは人の話をしっかり聴く姿勢が大切。
- 効果的に伝えるにはコミュニケーションスキルが必要であり、大切なのは準備と心構えだ。

◉プレゼンを成功させるには「準備」「準備」「準備」。

◉冒頭のつかみは大切。気の利いた話を準備しておく。

第7章では共感型リーダーの最大の仕事である「組織変革」について一緒に考えてみましょう。

COLUMN

メラビアンの法則の誤解

メラビアンの法則は、アメリカの心理学者アルバート・メラビアンによって提唱され、言葉の意味に対して感情や態度に**矛盾があった場合**に、非言語情報を重視する傾向があるという法則です。

「**言語情報7%**」「**聴覚情報38%**」「**視覚情報55%**」の割合で、判断に影響を与えるということを発見しました。情報が矛盾した場合「表情や声色など言葉以外の情報がどれほど重要か」を示しています。

一般的にメラビアンの法則には、次のような**誤解**があります。

- **言語情報より非言語情報の方が重要である**
- **人は見た目が重要である**
- **会話の内容よりも話し方や表情によって人の心は動く**
- **第一印象がよければOKである**
- **話の内容はほとんど伝わらない**

メラビアンの法則は、あくまでも矛盾した情報の中で**どの情報が優先されるか**を示したものです。発信者が受信者に対して与える影響は、それらが矛盾

COLUMN

メラビアンの法則の誤解

していた場合には、**視覚情報＞聴覚情報＞言語情報**の順に優先されるということです。つまり「目は口ほどに物を言う」のです。

メラビアンの法則は、言語コミュニケーションよりも非言語コミュニケーションを大切にすべきだといっているわけではありません。

また、話の内容よりも見た目や第一印象のほうが大事という捉《とら》え方は誤解であり、拡大解釈です。

私は「**話者が誰か**」によっても、その話の信頼性が大きく変わると思っています。

EMPATHETIC
LEADERS

第7章

共感型リーダーは変革の旗手である

リーダーシップは変化を作り出す。
それがリーダーシップの一番大切な働きである。
しかしリーダーシップを効果的に発揮するときには、
変化の方向を注意深く選定しなければならない。
それがリーダーシップの中で一番中心になる活動である。

ジョン・P・コッター

「組織を変える」という最大の仕事

組織変革

この章では共感型のリーダーの最大の仕事である「組織変革」について一緒に考えていきましょう。

「変革的リーダーシップは偶然の産物でも魔法でもなく、誰もが学び、理解し、実践できるもの、現在や未来のすべてのリーダーが利用できるものだ」

——ウォレン・ベニス

リーダーの最も困難で一番重要な仕事は、組織を変革することです。リーダーとマネージャーの最も大きな違いがここにあります。リーダーは組織を進化させることに主眼を置きますが、マネージャーは組織を維持することに尽力します。

ジョン・P・コッターによると、組織変革には、以下の8つのステップがあります。

1. **危機意識を高める**：変革の必要性を組織全体に感じさせ、行動を促すような**危機感**を作り出す。
2. **変革推進チームをつくる**：変革を主導することができる**リーダーシップ**チームを結成する。
3. **適切なビジョンをつくる**：何を達成したいのか（**ビジョン**）、その達成方法（**戦略**）を明確にする。
4. **変革のビジョンを周知徹底する**：変革のビジョンを組織全体に**理解させ共有**する。
5. **従業員の自発的な行動を促す**：変革を妨げる可能性のある障害（人も含む）を取り除く。
6. **短期的な成果を生む（クイックヒット）**：すぐに達成できる小さな目標を設定し、成功体験を通じてモチベーションを高める。改革を加速させるためにはとても大切。「アーリーウィン」とも言われる。
7. **さらに変革を進める**：初期の成功を元に、結果を改善し続け、変革を維持する。

コッター組織変革8つのステップ

1 **危機意識**を高める

↓

2 変革推進チームをつくる

↓

3 適切なビジョンをつくる

↓

4 変革のビジョンを周知徹底する

↓

5 従業員の自発的な行動を促す

↓

6 **短期的な成果を生む**（クイックヒット）

↓

7 さらに変革を進める

↓

8 変革を根づかせる

弾み車を回す。

8. **変革を根づかせる**：達成した変革を組織の文化に組み込み、それを**定着**させる。

1. 危機意識を高める

「変えることを好むのは、オムツが濡《ぬ》れた赤ちゃんだけだ」

——不詳

組織変革で最初にリーダーがやるべきことは、**組織メンバーの危機感の醸成**です。会社が赤字にでもなっていれば、それなりにメンバーは「大丈夫かな」という意識ぐらいは持っていると思います。しかし赤字でもないし、そこそこ良い状態、いわゆる「茹《ゆ》でガエル」の時が、一番危機感を持たせるのは難しいでしょう。人は変化を嫌います。現状維持のままでも問題がなければ、多くの人はそれを望みます。しかしながら危機意識なくして、組織変革は絶対に成功しません。

危機意識を醸成するために以下のことを検討すると良いでしょう。

(1) 現状のデータを明確にする

組織の現状や業績、市場の動向などの具体的なデータを共有し、組織の立ち位置や競合との差を可視化します。過去からのトレンドを見て、売上や利益が鈍化していることを示すことが有効です。あるいは事業部ごとや商品別に見てみると、ある事業部や商品に大きく依存していて、それ以外は全部赤字になっていることもよくあります。

私が日産の財務にいた頃、当時の財務内容が悪くて、もし後一つ格付けが落ちれば、アメリカでCP(コマーシャルペーパー)が発行できなくなる状態でした。財務部門としては大きな危機感を持っていて、債権の流動化などで見た目の財務内容を改善することに奔走していました。元々はアメリカ市場での安易な営業のインセンティブが原因でしたが、役員含めてどれだけの人が危機感を共有していたのか疑問でした。その数年後にルノーから6000億円の資金が投入され、ゴーンさんがやってくるのです。

(2) 外部環境の変化を強調する

産業の動向、技術の革新、市場の変化など、外部環境の変化を伝えることで、変革の必要性を認識してもらいます(第4章「PESTEL分析」参照)。

例えば塾業界やおもちゃ業界は今後少子化が加速するので、このままでは間違いなく市場は縮小していくと考えられます。一方高齢者用のオムツやデイ・ケアの市場は拡大していくでしょう。

(3) 競合他社との比較

競合他社が行っている革新的な取り組みや、組織の立ち遅れている部分を強調し、緊急性を感じてもらいます。

ザボディショップの社長に就任したとき、競合企業の「ラッシュ」について調査分析がなされていませんでした。もともとラッシュは、ザボディショップ創業期の供給業者が立ち上げた企業で、とても似たコンセプトを持ったブランドです。日本にも進出し、急成長を遂げていました。しかし、スタッフたちは、あくまでザボディショップをまねた後発ブランド、という印象を持っていました。

私は、ザボディショップのお店を訪問した際、近くにある競合店にも行くようにしていました。中でもラッシュのお店に行くと、とても活気があるし、お声掛けのアプローチも早くてとてもフレンドリーでした。接客トークもしっかりしていて、お店の人がよくトレーニングを受けている感じがしました。

「ラッシュの接客はとても積極的で素晴らしいし、見習うべきところもあるので、もっと研究したら」と朝礼で話したら、マーケティング部門の人たちを中心に何人もの人から、「岩田さん、何を言ってるんですか！　ラッシュなんてライバルじゃないですよ！」と強い反発を受け、ビックリしたと同時に傲慢《ごうまん》さも感じました。

しかし、私は本当にそうなのか。そこで、自社だけではなく、ラッシュへの覆面調査を依頼しました。アプローチ、商品説明、クロージング、そしてお見送りを、消費者視点でチェックするのです。その結果、ラッシュの接客は、多くのお店でザボディショップより高い評価が出ました。アプローチが積極的で、顧客は引き込まれてしまう。その他の販売方法やキャンペーンも、ザボディショップとは異なる展開で顧客の支持を得ていました。「天使の優しさ」など商品のネーミングも秀逸で、顧客の心をつかんでいました。

さらに売上情報を集めて、私は愕然《がくぜん》としました。なんと、ザボディショップが負けている店舗のほうが多かったのです。立地条件はザボディショップの方が圧倒的に良いのに、売上で大きく負けていた店舗もありました。これが現実だったのです。この事実を見て、ようやく社内の人たちもラッシュを意識するようになりました。

(4)　経営者やリーダーからの強いメッセージ

トップ自らが変革の必要性や危機感を強く訴え、変革への決意を伝えます。必要以上に危機感を煽《あお》って、不安になって転職を考えられてしまわないように、将来の明るい展望（ビジョン）も同時に伝えることが大切です。

リーダーは変革を行う合理的な理由を提示しなくてはなりません。最低限次の4つの質問に答えなければなりません。

「なぜ変革が必要なのか？」
「従来のやり方のどこが悪いのか？」
「どんな変革を、どの期間で行おうとしているのか？」
「変革が進むと社員にとって、どんな良いことが待っているのか？」

(5) シナリオプランニング

良いシナリオと悪いシナリオを作成し、どちらの未来になるかは今の行動次第であると示すことで、危機感を喚起します。いわゆるワーストシナリオの時には、どういうことが起こるかを明示するのです。

日本の少子高齢化による人口減は随分前にわかっていたことなのに、政府は楽観的な見通しで有効な手を打ってこなかった。人口政策は20年30年単位で考えるべき息の

長い政策です。人口が半減してしまう現実を見ず、政治家達は目先の選挙しか考えてこなかったからでしょう。

(6) オープンなコミュニケーション

組織の中でオープンなコミュニケーションを奨励し、問題や懸念点を共有し、タウンミーティングなどでトップが「危機的現状」を**直接に訴える**ことが大切です。

稲盛和夫さんの「コンパ」は有名ですが、スターバックスでも「**ラウンドテーブル**」と言って、定期的に各エリアを訪問し、マネージャーさんに集まってもらって、直接私から会社の状況や方向性を説明し、多くの質問に回答をしていました。

(7) 変革の先導者を育成

変革を推進する先導者を育成・支援し、彼らに組織内で危機感や変革の必要性を伝える**エバンジェリスト（伝道師）**の役割を果たしてもらいます。

各階層に声の大きいオピニオンリーダー的な人がいるものです。反対しそうな人を先に取り込んでおくのも良いかもしれません。そういった人たちを変革に巻き込むことがとても大切です。

(8) 成功事例や失敗事例の共有

他の企業や業界の先進的な取り組みの成功事例や無策による失敗事例を共有することで、危機感を具体的に理解してもらいます。

またある会社では、原材料が高い時に安易に大量に仕入れてしまい、その後原料価格が下がり、他社の値下げ攻勢に太刀打ちできず、赤字に転落してしまった企業もあります。

マーケティングで有名な話として、アメリカの鉄道業界が、モータリゼーションの進展に乗り遅れて衰退していきました。フィルム業界では、デジタルカメラの普及に乗り遅れたコダックは倒産しましたが、富士フイルムはうまく業態転換し、ヘルスケア、ビジネスイノベーションなど多角化して業績を伸ばしています。ミラーレスカメラも好調のようです。

最後に、危機感だけを強調するのではなく、それを乗り越えるための**明るいビジョンや方針、そして行動プラン**も同時に示すことがとても重要です。これにより、組織メンバーが前向きなエネルギーを持って変革に取り組むことができます。

2. 変革推進チームをつくる

リーダー一人だけで組織の変革を実現することは不可能です。変革には強力で幅広い基盤を持つ**リーダーシップチーム**が必要となります。そのチームを構築するためには、まず適切なプロジェクトオーナーと日常的な変革を導くリーダーシップチームのメンバーを選ぶことが重要です。オーナーとは、変革の必要性を痛感している経営幹部（できればトップかナンバー2）のことで、変革の開始・実施・強化を援助する資源（人・もの・金・情報）を供給する正式な権限を持っています。チームメンバーは、能力があることはもちろんのこと、周りの人から一目置かれている**徳のある人**を選ぶことが大切です。

大切なのはチームにさまざまな見解や役割を持つ人々を入れること。そうすればあらゆる視点が明らかになり、より現実的な意思決定をくだすことができます。その選ばれたメンバーは将来の幹部候補生です。

3. 適切なビジョンをつくる

適切なビジョンをつくるとは、事業やテクノロジー、企業文化が、長期的にどうあるべきかを示すとともに、この目標を達成するための現実的な道筋をつけることです。
ビジョン策定には幅広い情報収集と「思い」（ミッション＋パッション）の両方が必要です。

ケネディ大統領は、米ソ冷戦中にソ連が先に有人飛行を実現させ、国防上の危機感がありました。当時の宇宙飛行技術知識の前提があって、「1960年代に人類を月に届ける」という素晴らしいビジョンを策定しました。

そもそも細かな長期計画など、環境が急激に変化するので意味をなしません。計画を策定した当初から変更、修正を余儀なくされます。中期計画でもせいぜい長くても3年までです。一方方向性（ビジョン）は環境の変化があっても、ある程度の許容性があります。しっかりとしたミッションを踏まえたビジョンを作成することで、現実にそぐわない計画は切り捨て、実行に移すべき計画を選び出す助けになります。

有名なビジョンとしてはGEのジャック・ウェルチが「世界で1位か2位になれない事業からは撤退する」方針を示して、在任中の利益率を大幅に向上させました。

リーダーは未来を描くとき、組織内の人々に意欲を起こさせ、彼らの能力と可能性を引き出すような刺激的なビジョンをつくる必要があります。ビジョンを作成する過程は、ビジョンそのものと同じくらい重要です。会社を動かしている中核メンバーを参画させ、みんなが納得し興奮するようなビジョンをつくらなくてはいけません。

最近の大手企業の部長研修では、チームの最終発表として10年後に向けた自社のビジョンを発表させるケースが多くあります。審査員として招かれる機会も多いのですが、同じ会社でもチームによって内容のレベルの差が大きいと感じます。やはりそれはチーム内のリーダーの質に依存しているように思います。ビジョンは実現可能性があり、夢物語でもなく、すぐできそうな現実的なものでもない、ちょうど良いレベル感（粒感）が大切だといつも感じます。

リーダー（およびリーダーシップチーム）は組織のあるべき姿（ビジョン）を描き、それと比べ現在の状況を分析する。あるべき姿と現在の状況のギャップを明確にして、方向性の

修正と組織変革を実行しなければなりません。その具体的な方策が「戦略」です。**戦略とはあるべき姿（ビジョンTo-be）と現状（As-is）のギャップを埋める方策**のことです（第4章「ビジョン策定のためのヒント」参照）。

4. 変革のビジョンを周知徹底する

メンバーからの信頼を得られるかどうか、伝えようとする内容を信じてもらえるかどうかが、リーダーにとっての実力の見せ所となります。このコミュニケーションは一度で終わりではなく、何度でも色々な機会を利用して、伝え続けることが必要です。朝礼や年頭挨拶《あいさつ》、幹部研修や社内のイントラ・システムを使ったり、ポスターを掲示したり、社内報を活用するなど繰り返し伝えることが大切です（伝え方の詳細は第5章参照）。

新しいビジョンを徹底させるとともに、今ある事業や戦略で古くなったものは**整理（廃棄）**することもとても大切です。

これは勉強家の社長にありがちなのですが、その時々の流行の経営理論、例えばTQC活動、アメーバ経営、リエンジニアリング、ザッポスのWOW経営、パーパス経営など手当たり次第かじるのですが、徹底が足りず成果も出ないので次々と新しい理論に飛びついて、社内が混乱しているケースがあります。それぞれのプロジェクトを総括整理・廃棄しないので、社内にはポスターやスローガンだらけになっています。新しいビジョンを実行する前に、まず今やっていることを整理整頓《せいとん》しなくてはなりません。

5. 従業員の自発的な行動を促す

変革を進めていくには、組織メンバーの関与と影響を深めることが必要です。トップダウンと比べ、多くの人々を関与させると決定のスピードは鈍るかもしれません。しかし実行段階で、関与した人々は「**自分事《ごと》**」として考えるので、主体的に取り組み、スピードが上がります。変革に対しての抵抗勢力は、自分たちこそが重要であることを認識させようとします。話し合いにより理解を求め、取り込んでしまうのが一番良いのですが、必要があれば**断固排除**することも検討しなくてはなりません。

社内広報などで各組織の進捗《しんちょく》や成功事例などを共有し、良い意味での**競争意識**（バスに乗り遅れない意識）を持ってもらうようにします。

6. 短期的な成果を生む（クイックヒット）

人々を変革に積極的に参画させるためには短期的な成果（クイックヒット）が必要です。変革に対して皆不安を持っています。そのため早い段階で、何かしらの目に見える成果を出すことはとても重要です。抜本的な変革には、もちろん時間がかかります。色々な改革案の中で、比較的難易度が低く、目に見える成果のある改革を優先的に行うのがクイックヒットです。短期的な成功とは、一般的に3ヶ月、長くても6ヶ月以内に実現できる改善を指します。このクイックヒットにはいくつかのメリットがあります。

第一に変革に係る懸念に積極的に対処できる。
第二に変革の取り組みの早い段階で朗報を提供できる。
第三に早くから変革を受け入れた人たちも、自信が増し変革が加速する。
第四にどっちつかずの行動を取る人々の考えに、影響を与えるのに役立つ。

変革がクイックヒットによって弾み車のごとく加速度がついて行くのです。
またクイックヒットでの成果は、タイムリーに社内報やリーダーの口から伝えることがとても大切です。クイックヒットが見つかった時点ですぐに実行することも大切です。社歴の長いトップであれば、必ず一つや二つアイディアを持っているはずです。

ザボディショップでは、ビジョンとして売上150億円という大きな目標を掲げましたが、最初の半年間業績に目立った変化はありませんでした。ところが、ボディバターの拡販を起爆剤に売上が上昇し、お店全体が活気づき、以降32ヶ月連続で予算を達成していくことになりました。

スターバックスでも社長就任後、半年間業績が落ち続け、内外からの強いプレッシャーを受けていました。ところがおかわり100円のワンモアコーヒーが復活の起爆剤となり、半年を過ぎたあたりからポンと上向いて、後は東日本大震災まで右肩上がりで上昇を続けていきました。社長としてそれぞれの成果を親会社や本国から評価してもらい改革をとても進めやすくなりました。

「革新者は古い秩序のもとで繁栄した全ての人を敵に回すことになる。……また同時に人間というものが、もともと疑い深く、新しいものは経験によって試されるまで、それを本気で信用しないからである」

——ニッコロ・マキャヴェリ

7. さらに変革を進める

メンバーの心を一つにし、変革を加速していくには、**エンパワーメント**（広義の権限委譲）が必要になっていきます。組織全体に明確な進路（ビジョン）が示されていれば、全ての人々がビジョンを羅針盤にして行動を起こすことができるようになります。その行動がビジョンに沿ったものである限り、上司も部下に任せることができます。次に全員が同じ目標に向かっているため、メンバー同士の摩擦が原因で、変革が妨げられる可能性も低くなっていきます。

またメンバーの心に火をつけることができれば、組織の中で積極的に変革を進めようとするリーダーが一人また一人と増えていきます。すると良い意味で意見の衝突が出てきます。そのため**インフォーマルな人的ネットワーク**が必要になってきます。意識的に主要メンバーによる飲み会やランチ会を設定し、メンバー間相互の交流を促すことも大切です。

「リーダーは部下に対して影響力を持つ人物でなければならぬ。だがプロセスをうまく作動させるためには、部下もまたリーダーになる必要がある。共通の課題の中に個々の目的意識を見出《みいだ》し、変革の必要性とビジョンを広めるのだ」

——ジェイムズ・チャンピー

リーダーはプロジェクトに対しての一貫した考えをメンバーに伝えることも重要です。リーダーシップチームも同様にリーダーと同じことを分かりやすい言葉に翻訳しながら周りに伝えることが大切です。この一貫性がとても重要で、トップとブレたりくい違っているような発言をしてはいけません。

常に進捗を測定し賞賛する。必要に応じて修正や方向転換をする。これがリーダーに求められる行動です。

チームメンバーももしリーダーの発言に懸念があるなら、それを周りに言うのではなく、直接リーダーと話し合って、その懸念点を解消しなくてはなりません。リーダーと言うことがズレるとリーダーとチームの一体感が疑われ、変革のスピードが鈍ります。私もザボディショップの初期に従業員アンケートをとると「経営陣の一体感がない」とのコメントが複数ありました。これは、ザボディショップは親会社のイオンとは違ったブランドビジネスなので、イオン流のやり方と違ったことを私はしようとしていました（実際役員に対して「ここにイオンカルチャーを持ち込まないで欲しい」と伝えたこともあります）。私がAと言っても、イオン出身の役員の口を通すと、イオン流のB

と言うやり方になってしまうのです。ですから社長が言っていることと、実際現場に降りてきた内容が違っていることが、「一体感のなさ」の原因のようでした。
これは親会社の岡田元也社長が朝礼でザボディショップジャパン（イオンフォレスト）のことを褒めてくれたことから、イオン出身の役員も私を見て仕事をするようになりました。

この実行段階で大切なことは**人材育成**をし、成果を出している人を見つけ出し、それを朝礼や会議などで皆の前で**賞賛する**ことです。あるいは進捗会議で成功事例を共有し（**リコグニション**）拍手を送るのです。各部署の健全な競争意識を促し、競って遂行を早めるようにします。こうした変革期に頭角を現す人物が必ず出てきます。そういう人を発掘し登用・抜擢《ばってき》することもリーダーの大切な仕事です。

8. 変革を根づかせる

組織は矢継ぎ早に次の新たな挑戦を探すのではなく、今やり遂げた変革を定着させることにエネルギーを費やすべきです。変革を組織文化に根づかせることがとても重要です。

元に戻らないようにマニュアルを作ったり、新しい業務に合わせてシステム投資をすることもとても大切です。さらに新しいビジョンや戦略に沿った人事異動や組織再編を行うべきです。いったん組織のMVVに立ち返り、今あるMVVを吟味することも必要です。特にどの価値観が新しい文化を支持し、支持しないのか？　あるいは順番を見直す必要もあるかもしれません。もし必要なら、新しい価値観と入れ替えたり、付け加える必要があるかもしれません（第4章「スターバックスのミッションと変化し続けるバリュー」参照）。

その価値観と一致する行動を具体的に示し、それに合った行動を賞賛します。例えば新しいチャレンジを推奨する価値観を加えれば、失敗したプロジェクトでもあえて新しいことにチャレンジしたことを賞賛するのです。あるいはそういった人をきちんと評価するのです。

ホンダはかつて創業者の本田宗一郎さんがいた頃、その年で一番大きな失敗をした人を表彰する「**失敗表彰制度**」がありました。その頃のホンダは本当に革新的でユニークな車がとても多かったことを記憶しています。

変革に必要な新しいスキルについては、研修によって補う必要があります。例えばDX化をビジョンに加えたのなら、IT機器のハードの導入とともにDX研修を積極的に開催

するのです。一番良いのは、研修を受けた者が、自部署に戻って、その研修の内容を教える立場になることです。

私はこれを「**教育のカスケードダウン**」と言っています。私のビジネススクールでの経験上、教える時には、学ぶ時の3倍学ぶことができると感じています。私がスターバックスで受けた新人研修は、人事の専門家やトレーナーではなくて、お店の若い人が研修講師となっていました。実はこの講師が一番勉強になったと思います。翌年今年の新人が教えることによって、本当に研修内容が自分のものになっていくのだと思います。

「難しいのは新しい考えを練り上げることではなく、古い考えを脱すること」

——ジョン・メイナード・ケインズ

変革を進めるための注意点

変革を求められる新しいリーダーが気をつけること

組織ごとにその持っているカルチャーは違っています。これを理解しないで他社で成功した経営者が、新しい組織で失敗するケースがよくあります。

私もスターバックスに移った時、経営会議などでよくザボディショップの例を引き合いに出したところ、とても嫌がられました。会社名を特定するのではなく、「前の会社」という言い方をしなさいと社外役員からアドバイスを受けたこともあります。

新しい組織に移ったらリーダーは、まずはしばらくどんな人たちがいて、どんなカルチャーなのかじっくり観察することがとても大切です。

スターバックスに入社してすぐに出張した時、皆が新幹線とパックの安いホテルに泊まっていることを知らず、いつも泊まっていた常宿のホテルに泊まったことがあります。直接何か言われたわけではないのですが、多分一緒に出張した幹部は疑問に思ったことでしょう。そういうちょっとした会社特有のカルチャーもあります。

また人の評価なども最初に受けた印象と、実際1年ほど一緒に働いた後の評価は違うこともよくあります。色々な人から情報や評判を集める必要があります。やはり人事に関しては慎重に行う必要があります。

私もある会社で社長に就任してすぐ、ある年輩の部長の能力に疑問を持って、監査役に退いてもらったことがありました。しかしながら能力的にも問題なく、私を裏で支えてくれていたことがあとで判明して、すぐに復帰をしてもらったことがありました。反対に元気が良い若手を経理部長に抜擢したのですが、実はかなりの曲者《くせもの》で、例えば社長の給料を皆に言いふらしたり、色々な人の悪口を言う人であることがあとでわかりました。本来部長にふさわしくない人を登用してしまったのです。人の評価や人事に関しては慎重に実施しないといけないことを嫌というほど味わいました。

政治的に考える上での6つの根本的な視点

ハーバード・ケネディ・スクール名物上級講師のロナルド・A・ハイフェッツの『最前線のリーダーシップ』は、政治や行政でのリーダーをイメージして書かれていますが、ビジネスリーダーにも示唆に富む内容が含まれています。

「成功するリーダーに共通する優れた資質の一つは、**人間関係の大切さを理解する力**だろう。(中略)ある主張がもたらす利益やそれを進めるための戦略は、判断要因の一つでしかない。彼らは**人脈を最重要視**し、相談でき、ともに目の前の問題解決に取り組むことができる人々の**ネットワーク**を作り、それを大きくすることに労力を注ぐ。日常生活でも仕事でも、人間同士の繋《つな》がりが、結果を左右する最も大切な要素だということを有能なリーダーは経験上よく知っている」

(ロナルド・A・ハイフェッツ『最前線のリーダーシップ』112ページ)

リーダーシップを発揮する際に政治的に考える上で6つの根本的な視点があります。

1. パートナーを見つける
2. 反対派を遠ざけない
3. 自分が問題の一部であったことを認める
4. 喪失を認識する
5. 自らモデルになる
6. 犠牲を受け入れる

1. パートナーを見つける

一人で変革は進められません。必ず社内外のパートナーを作る必要があります。さらに重要なのは、権力を持つ**上位者からの支援**を取り付けておかなければなりません。そしてそういった関係者には、会議などでは事前にきちんと**根回し**をしておいて、サプライズがないようにすることが大切です。経営者で言えば創業者、株主、社外取締役と言ったところでしょうか。

私はザボディショップ時代、私を採用してくれたイオン人事のトップの専務さんにメンターとなっていただき、とても助かりました。親会社から理不尽なことを言われた時は、この専務に連絡して、「おかしい!」と陳情すると色々手を打ってくださいました。ザボディショップが再生できたことのとても大きな要因になりました。

2. 反対派を遠ざけない

変革を進める上で、必ず反対派はいるものです。そういった人達にも反対する理由があります。その理由をきちんと拾うことで変革がより強固で確実なものになっていきます。

3. 自分が問題の一部であったことを認める

内部昇格の場合、今まで問題点を見過ごしてきたことには責任があります。その責任を認めた上で変革を進めなくてはなりません。外部から来た人でもそれまでのマネジメントに問題があったことを承知の上でその職を引き受けたのです。

4. 喪失を認識する

変革には必ず痛みが伴います。限られた資源と時間の中で何かを諦《あきら》めなければならないことが生じます。それを恐れていたのでは、変革は進みません。何かを捨てなければならないのです。

5. 自らモデルになる

自分がモデルとなって**自ら危険な場所に身を置く**ことで、示す必要があります。人々に求めていることを自分自身が模範となって示すことは、単に言葉で犠牲を認識するよりも、強く人々に訴える力を持ちます。

自分というモデルが単なる象徴的な意味以上のものになるのです。例えば、リストラやコストカットする時に、最初にトップ自らが減給やベネフィットを放棄することを示すことです。

6. 犠牲を受け入れる

変化に適応できないか、一緒に歩もうとしない人は必ずいます。**変化に伴う喪失**という厳しい現実を受け入れることは、リーダーが勇気を持って、真剣にこの改革をやり遂げようとしていることを示す明確なメッセージになるのです。

多くの犠牲を払う覚悟がなければ、組織全体を失うことになりかねないことを肝に銘じないといけません。ある時は「泣いて馬謖《ばしょく》を斬る」覚悟がなければなりません。

解決すべき当事者に問題を投げ返す

リーダーシップを発揮する一方で生き残るためには、問題の責任を負うべき人々に対して、その問題に**対処する作業を投げ返す**ことです。何でもかんでもリーダーに持ってくる幹部がいます。それは失敗した時の責任を取りたくないからです。必要な作業をそれに直面しているグループに差し戻す工夫が大切です。やり直した結果を評価し、提案を修正し、再評価し、再びやり直させるという臨機応変な行動をすべきです。そして自分の指示がどのように受け止められたか、立ち止まって、人々の反応を注意深く観察することが重要です。

心理的安全性を担保する

変革には不安がつきまといます。不安は、人間能力発揮に対する最大の障害です。組織メンバーとの強い信頼関係を築く時には、以下の**心理的安全性**を持てる環境を作る必要があります。心理的安全性は、メンバーがリスクをとっても罰せられない、または拒否されない環境のことを指します。次の5つの時、メンバーは心理的安全性を感じます。

1. 何を期待されているか

この点は、明確な期待とリソースの提供に関連しています。メンバーが何をすべきか、そしてそのためにどんなリソースやサポートが必要かを正確に知っていると、彼らはより自信を持って仕事に取り組むことができます。期待が明確でないと、不安や混乱が生じ、心理的安全性が低下します。

2. 自分の努力が認められ、感謝される時

人々は自分たちの貢献が価値を持ち、認められることを求めています。努力が認知され、感謝されると、自分たちがその環境において安全で価値のある存在であると感じます。反対に、努力が見過ごされると、不安や疎外感が生まれてしまいます。

3. 「失敗」しても責められない時

失敗は学びの一部です。メンバーが失敗を恐れずに新しいことを試み、学ぶことができる環境を作ることは、心理的安全性の鍵《かぎ》です。失敗を罰する文化では、リスク回避的な行動が奨励され、新しいことにチャレンジしなくなり、イノベーションや進歩が起こりにく

くなってしまいます。

4. 結果に全員が責任を持つ時

チーム全体が共同で目標や結果に対する責任を感じると、個人が他のメンバーを非難することなく、協力して問題を解決する傾向が高まります。結果、争いや非難の文化が減少し、代わりにサポートや助け合いの文化が育成されていきます。

5. 干渉されることなく、柔軟に行動できる時

メンバーが自らの判断で行動する自由を持ち、過度な監視や制限を受けない環境は、自主性や主体性を奨励します。これにより、メンバーは新しいアイディアやアプローチを試みやすくなり、チーム全体のイノベーションや生産性が向上していきます。

「トライアンドエラーを繰り返すことが、「経験」と「蓄積」になる。独自のノウハウはそうやってできていく」

——井深大（ソニー創業者）

心理的安全性を担保するためには、リーダーが「皆さんはもっとオープンになって自分

らしく振る舞ってください」と言って安心できる環境を作ることです。

第7章のまとめ

- 組織変革はリーダーにとって最大のチャレンジングな仕事だ。
- 危機感とクイックヒットは変革には欠かせない。
- 8つの変革のステップ通りにはいかないことが多いので、臨機応変かつ同時並行的に対処しなくてはならない。
- 変革で痛手を負う人には、丁寧なケアとフォローが大切。
- 心理的安全性を担保する。

第8章では、目標設定やエンパワーメント、評価、フィードバックなどリーダーにとって大切な仕事について一緒に考えていきましょう。

COLUMN

リーダーは強烈な自負心でメンタルブロックを外す

カエサル

乗っていた小舟が嵐に見舞われ、船頭が引き返そうとした時のこと、どうしても先に進みたいカエサルは、船頭にこう呼びかけたという。

「さあ、お前元気を出せ。何も恐れることはないのだ。お前が今運んでいるのはカエサルなのだ。カエサルの運命の女神も一緒に乗せているのだ」

（長谷川博隆《はせがわひろたか》『カエサル』講談社学術文庫）

破天荒

破天荒の語源は、もともと天荒《てんこう》という中国のある村の話に由来します。科挙の合格者を一人も出すことができず、地域は貧しくて荒れ放題だったことからこの名がつけられました。

ところがある時初めて、合格者が出ました。そこから破天荒という言葉が生まれました。

COLUMN

リーダーは強烈な自負心でメンタルブロックを外す

すると翌年以降、何年も連続して合格者を出すようになったと言われています。つまり村人たちは能力的に劣っていたわけではなかったのです。

しかし合格するはずがないと最初から諦めていたために、結果を出せずにいたのです。できないという心理ブロックを解除できれば、もっと能力を発揮できることが多々あるのです。

そういうことができるリーダー・先駆者は間違いなく尊敬を集め、共感が得られます。陸上競技でも大きな壁であった10秒を切った後、続々と10秒を切る人が出てきました。

大リーグの大谷翔平選手も投打の二刀流は駄目だと最初は言われていましたが、彼の成功によって今後二刀流の選手が増えていくことになるでしょう。

初めて納豆を食べた人、最初に海に飛び込んだペンギンもリスクをとって先鞭《せんべん》をつけたという意味ではリーダーと言っても良いかもしれません。

第8章

チームが存分に力を発揮するために

困難な時代ですが、非凡な能力を備えた人間が生きがいを感じるのもまた、このような時代です。大きな苦難が、偉大なリーダーを呼び覚ますのです。

ジョン・P・コッター

メンバーが成長する目標設定

ミッションから戦略策定の流れ

共感型のリーダーは、まずしっかりMVVを策定し、適切なコミュニケーション方法を持って皆に伝える必要があります。またリーダーの最大の仕事は組織変革ですが、本章では平時のリーダーとしてどんな大切な仕事があるか一緒に考えていきましょう。

簡単にビジョンから戦略策定までの流れをご説明します（次のページの図参照）。

組織変革の過程でさまざまな戦略仮説が出てきます。戦略仮説とは一言でいうと、ビジョン（To-be）と現状（As-is）のギャップを埋めるのが戦略仮説です。現状については、PESTEL分析（第4章166ページ）や3C（自社・競合・顧客）分析を行い、自社のSWOT（強み・弱み・機会・脅威）分析をします。さらに戦略仮説を複数策定するためにSWOTクロス（この章のコラム参照）を行い、特に機会（O）に自社の強み（S）をどう活《い》かし

理念（ミッション）から戦略への流れ

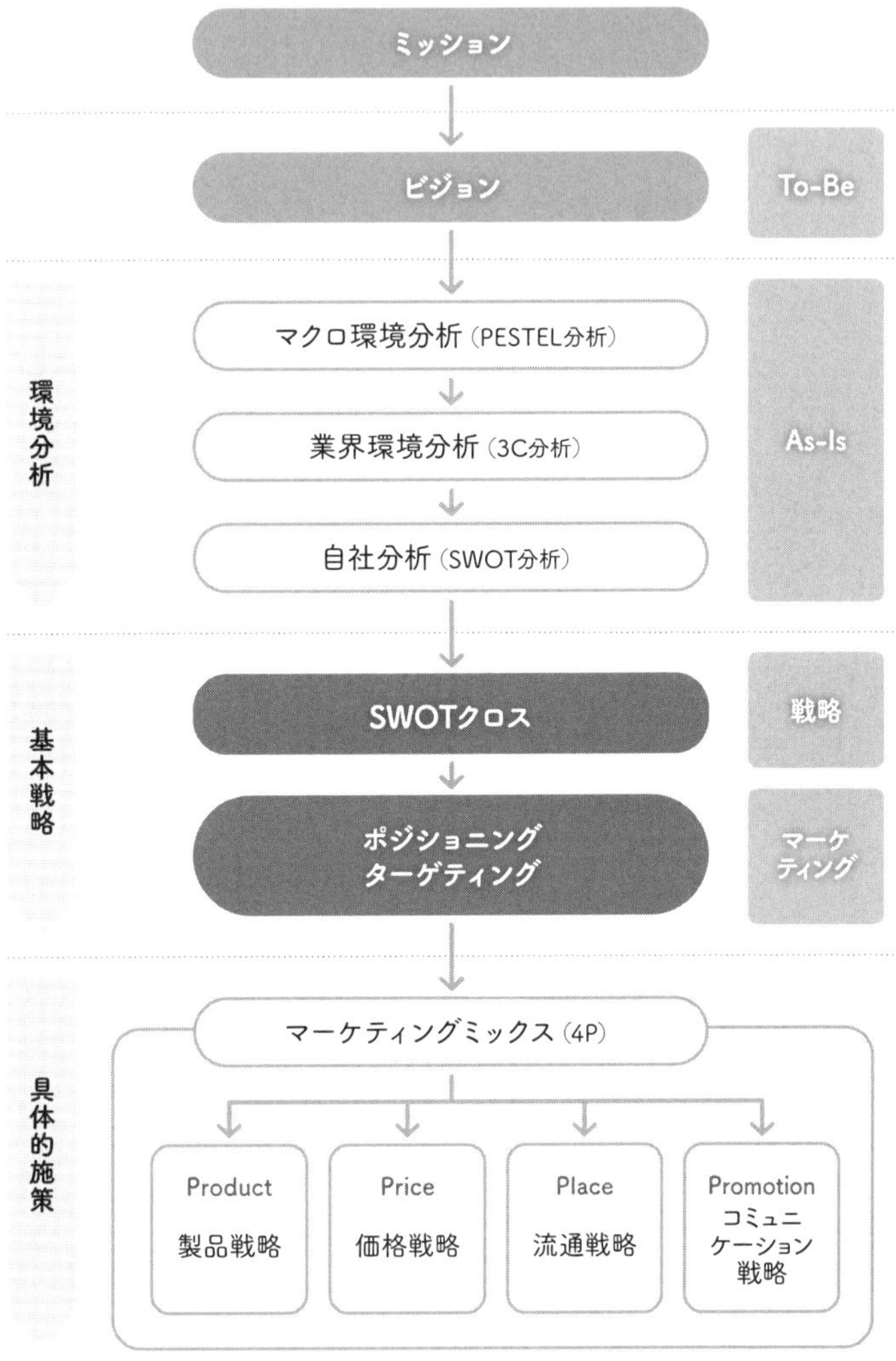
ミッション
ビジョン
To-Be
環境分析
マクロ環境分析（PESTEL分析）
業界環境分析（3C分析）
自社分析（SWOT分析）
As-Is
基本戦略
SWOTクロス
戦略
ポジショニング
ターゲティング
マーケティング
具体的施策
マーケティングミックス（4P）
Product
製品戦略
Price
価格戦略
Place
流通戦略
Promotion
コミュニケーション戦略

ていくかに注目します。出てきた多くの戦略仮説を評価し、優先順位をつけて、各部門に落としていくわけです。そこから各部門の目標設定を策定していきます。

目標設定

第2章のパス＝ゴール理論でも触れられている通り、優れたリーダーは、まずミッションにヒモづいた明確な目標設定（ビジョン）から始めます。チームメンバーに対して目標をはっきりさせるためには、次の3つを理解してもらう必要があります。

- **自分が何を求められているのか？（責任範囲）**
- **良いパフォーマンスとはどのようなものか？**
- **業績の評価基準は何か？**

個々の目標設定をうまくするためには、リーダーと部下がミーティングを行い、その部下にふさわしい目標をじっくり話し合う必要があります。お互いに自分の考える目標を伝えることで、合意に達しやすくなります。時間をかけて合意する努力は必要です。

もちろん環境変化や予想外のことが起こります。途中で何度も軌道修正を行う前提である程度のところで見切り発車することも大切です。

またそれぞれの責任範囲をしっかり決めることも大切です。企業でよくあるのは、損益の責任は誰が負っているのかと販売に聞くと「それは値段を決めているマーケティングと原価を管理している製造の責任だ」と答えます。マーケティング部門に聞くと、「利益は販売数量と原価でほぼ決まるので、営業と製造だ」と答えます。あるいは店舗レベルで販売員に何をしているかと聞くと、「我々は商品を来たお客様に販売しているだけで、売上や損益に責任を持つのは店長や本社の仕事だ」と答えます。

このように責任の所在が明確ではない場合、各事業部が**無責任**になり、当事者意識がなくなり、**他の事業部に責任を転嫁**するようになります。

最近あるラーメン屋さんでパートのおばさんにラーメンを注文したら、「今日は餃《ぎょう》子《ざ》がお安くなっているのでいかがですか？」と聞かれ、それなら「餃子もつけて」と答えました。その後すぐ隣に新しいお客様が来たら、またそのおばさんは同じように聞いて、そのお客様も餃子をつけていました。たった一言「餃子はいかがですか？」と言うことで売上は数十%ほど向上したことになります。勧め方がとても自然で、店主から強制されて言わされている感じはしませんでした。このおばさんは、はっきり

自分が売上に対する責任があることを自覚しているのだと思います。

目標を決めて、責任範囲が明確になれば、今度はそれを数値化するためにＫＰＩ（Key Performance Indicator）指標を決めないといけません。何を以《もっ》て良いパフォーマンスができたのか合意しておかなくてはなりません。途中の進捗《しんちょく》度合いが分からなければ、修正のしようもありません。このＫＰＩはひとつとは限りません。なかなか数値化がしにくい目標もあります。それを代替的に補完できる指標で管理するべきです。

成果の見えない目標に対してはやる気は出ません。ダーツ競技で得点の書かれた的《まと》がなかったら、面白くないでしょう。的があったとしても、どこに当たったかのフィードバックがなければ、やる気が出ません。適切なフィードバックがあってこそ、スポーツも仕事もモチベーションが湧きます。自分がどのくらい仕事をうまく遂行しているのかの評価がなければ、仕事をこなすだけになってしまいます。上司や会社が求めていない「的」（目標）に向かって一所懸命に向かっていても、なんの評価ももらえないどころかマイナス評価になってしまうこともあります。ドラッカーも「**やる必要のないことに全力を尽くしていることほど無駄なことはない**」と言っています。まさにその通りです。

SMARTな目標設定

より質の高い目標設定をするためには、SMARTを意識すると良いでしょう。次の5つの頭文字を取ったものです。

- Specific and Measurable（具体的で、測定できる）
- Motivating（やる気を引き出す）
- Attainable（達成可能）
- Relevant（関連している）
- Trackable and time-bound（追跡でき、期限が決まっている）

・Specific and Measurable（具体的で、測定できる）

まず向上させる領域を特定し、良い仕事ぶりとはどんなものかを明確にする必要があります。**測定できないものは管理できません。**そのため目標は、具体的に測定できなければなりません。できるだけ定量的な目標を立てることが望ましいのです。数値化することが難しい定性的なものでも、官能評価でも良いので数値化することがとても大切です。例えば顧客満足は目に見えて数値化できませんが、お客様アンケート評価で5段階で評価してもらうことが一般的です。

・Motivating（やる気を引き出す）

仕事そのものが常にチャレンジングで面白いものとは限りません。しかし意欲を高める目標が設定できれば変わってきます。なぜその仕事が必要なのか、ミッションやビジョンと絡《から》めて目標を設定します。自分の仕事はどのように、顧客や社内の後工程の役に立っているかということをきちんと理解してもらわないといけません。その目標が会社組織全体の達成目標と、どのように合致するかについても説明する必要があります。その仕事がより高度なレベルの結果を支えていることを伝えると、メンバーのモチベーションアップにつながります。

人は誰しも自分のしていることが、全体にどんな変化をもたらすかを知りたいと思っています。第3章コラムの石工の話を思い出していただければ良いでしょう。あとはグラフ化して目に見える形で掲示すると良い意味での競争心が出てくるかもしれません。

・Attainable（達成可能）

人を本当にやる気にさせるには、適度に難しいが達成できる目標が必要です。有名な実験に「輪投げ」の例があります。アメリカの心理学者デビッド・マクレランドが行った達成動機に関する古典的な実験から、好成績を収めた人々は、杭《くい》から適度な距離をとることが分かっています。ある位置で投げてほとんどが入ったら、彼は後ろに下がる。何故か？目標があまりに簡単すぎるからです。逆にほとんど外したら前に出る。何故か？　それを達成するのが難しすぎるからです。

マクレランドによると達成動機の高い人は、ほとんどほどほどに難しいが達成できる目標を設定することを好みます。つまり自分の持てる能力を最大限に活用する必要があるが、達成不可能ではない目標。これが「**達成可能**」という意味です。

・Relevant（関連している）

一般的には、いろいろなことに「**80対20の法則**」は成り立っています。リーダーがメンバーに求めるパフォーマンスの80％は彼らの活動の20％から生じていることがほとんどです。つまり業績全体に変化をもたらす20％の活動に焦点を当てるような目標は関連性の高い目標と言えます。ですから枝葉末節にこだわらない**本質的な目標設定**をする必要があります。メインの業務は多くても5つ前後に目標を絞ることが大切です。

・Trackable and time-bound（追跡でき、期限が決まっている）

リーダーとして良い行動や進捗を賞賛し、不適切な行動を方向修正するべきです。そのために定期的にパフォーマンスを測定する必要があります。つまりパフォーマンスを追跡するための記録システムを取り入れなければなりません。中間目標を設定し、進捗をチェックし、場合によっては目標の数値変更や方向修正をする必要があるかもしれません。一番大切なのは、本人自身が自分の進捗状況をチェックできるようにすることです。常に自分の仕事の進捗に意識づけしてもらうことが大切です。また期日のない目標は、単なる努力目標となってしまいます。必ず期日を決めておきましょう。

例えば私は今上司がいるわけではありませんが、「やるべきリスト」をパソコンに貼って、期日を書いて、その進捗を「◯」の中に十字を書いて4分の1進めばそれを塗りつぶすようにしています。こんな簡単なことでも、モチベーションが上がり、それぞれの期日と進捗を見ながら、仕事の優先順位を決めています。

成績評価

成績評価については、まず部下自身で**自己評価**をしてもらいます。リーダーは部下が自分の自己評価を話すのを聞いて、上司の理解と合っているか確認します。部下がそれに合意したら、次はリーダーが部下に責任領域におけるそれぞれの評価を告げ、部下が自分の評価をきちんと理解しているかを確認します。お互いの診断結果を確認できたら、その共通点と相違点について話し合い、意見を一致させる必要があります。

できるだけ評価については、ファクトベースつまり事実や数字を持ち出して議論することが大切です。基本的な考え方は「**採点ではなく満点を**」。全員が目標達成できる方向で話し合うことが大切です。決して選別するための成績評価ではないことを意識することが必要です。評価の時にどうすれば満点を取れるのかを中心に話し合うのです。

この診断結果をもとにリーダーは、その部下に対してどのようなリーダーシップのスタイルを使うか判断する必要があります。例えばある分野について、よくできている部下に対しては、できるだけ邪魔をしないように「委任」つまり「任せる」ことが大切です。

もし別の分野で評価内容が低い場合については、こまめに報告や相談をするように指示し、コーチングをする「指示型のリーダーシップ」を使う必要があります。

一人の部下に対しても分野によって、使うリーダーシップのスタイルが違ってくることをリーダーはきちんと理解しなくてはなりません。

—　私自身の経験上特に日本企業は、この一連の目標設定・診断（フォローアップ）・評価について部下と真剣にやっていない企業がほとんどだと感じています。私が日産自動車に勤務している13年間で一度も実施されませんでした。多くの日本の大企業は、毎年同じような目標設定を掲げ、その後のフォローアップもなく、他者とあまり差をつけないような査定をする。ひどい場合は何もフィードバックを部下にしていないケースも多く見受けられます。

私自身日産時代最低の評価をつけられていたにもかかわらず、一切知らされず、その理由の説明もありませんでした。昇格試験の時に初めて自分が同期より1年以上遅れていることに気がつきました。いつから何が原因で悪い評価をされたのか、今もって全くわかりません。

「マネジメントとは、ニーズと機会の変化に応じて、組織とそこに働く者を成長させるべきものである。組織はすべて学習と教育の機関である」

——ピーター・ドラッカー

賞賛

評価とは別に賞賛を効果的なものにするためにはできるだけ、その場で具体的に褒める必要があります。普段から部下の仕事ぶりに関心を寄せて、よく観察することが大切です。完璧《かんぺき》を求めず、進捗があれば、その点を褒めて、アドバイスをつけてさらなる改善を促すようにすれば良いでしょう。

私が小学生の頃に実力テストで96点を取り、クラスで一番だったので、褒めてもらおうと父親にそのテストを見せると「100点取ったら見せなさい」と言われ、がっかりしたことを50年以上経った今も鮮明に覚えています。その後テストの成績は、一切親には伝えないようになりました。トヨタでは部下と接する時に、「3つ褒めて1つ注意し、改善点を指摘する」という指導をしているそうです。

「誰かが必ず『ありがとう。素晴らしい仕事をしていただきました』というのです。これが、ボランティアを支えお世話をしていくうえで大事なことです」

——フランシス・ヘッセルバイン

ハーズバーグの動機づけ・衛生理論

フレデリック・ハーズバーグは動機づけ・衛生理論という有名な理論を構築しました。

この理論は①やる気や仕事上の満足を高めるための要因（モチベーター・**満足要因**）と②不足すると不満を高める要因（ハイジーンファクター・**衛生要因**）の2種類の要因が仕事にあるというものです。

①の満足要因に次のようなものが見られます。

- 仕事の達成
- 仕事の業績を認めること
- 仕事自体の特性
- 仕事に要求される責任

②の衛生要因は次のようなものです。

- 給料や報酬
- 仕事の条件
- 対人関係
- 会社の方針や管理

②の衛生要因を満たすことで仕事上の不満を減らし、①の満足度を満たすことでやる気を高めようという理論です。①は主にリーダーシップが扱うべき領域で、②はマネジメントが扱うべき領域です。

ただしこの満足要因と衛生要因は、人によって異なる可能性があることにも注意が必要です。人によっては給料や報酬は衛生要因ではなく、満足要因であったり、対人関係が満足要因になることもあります。

物質的に恵まれた現代においては、衛生要因はかなり満たされつつあります。それよりも満足要因を意識しながら**リーダーは仕事の意味や意義（つまりミッション）をしっかり伝え、将来の絵（ビジョン）を見せて、働きやすい環境を作る価値観（バリュー）を組織に植え付けることがとても大切です。**これがまさしく共感型のリーダーの仕事です。

モチベーションと報酬

報酬やインセンティブなどは従業員のやる気（モチベーション）に影響を与えますが、心理学のテストで人は金銭的報酬を与えられると、とても利己的になるという結果も得られています。またインセンティブは、組織をどんな風土にしていきたいかという方向性（ビジョン）にもよります。

例えばスターバックスではかつてお店で何か良いことをすると金銭的インセンティブもあったと聞いていますが、現在ではGABカードと言われるサンクス・カードをパートナー同士相互に渡すだけです。それはあくまでもチームワークを重視する社風を作っていきたいという思いからです。一方一匹狼《おおかみ》的な為替《かわせ》や株式のディーラーなどは、チームワークはあまり必要なく、競争的な環境を作るために金銭的インセンティブを多くつけています。

このことに関して行動心理学の有名な実験があります。試験中に実験者である学生がわざと消しゴムを落として、横に座っている被験者の学生の反応を見るのです。テストの結果に金銭的インセンティブをつけていないと、ほとんどの被験者は親切に落とした消しゴムを拾ってあげるのですが、テストの結果に金銭的インセンティブをつけると、ほとんどの被験者が消しゴムを拾ってくれなくなるのです。つまり金銭的インセンティブをつけると、人はとても利己的になっていくのです。

ただ一般的に組織の発達段階が高まれば高まるほど金銭的な報酬より、精神的な報酬（賞賛・リコグニション）の度合いが高まっていきます。これはマズローの欲求段階説を踏まえれば理解しやすいと思います。ですからディーラーたちは大金を儲《もう》けるとさっさと辞めてボランティアに精を出す人が多いと聞きます。

自社のMVVや目指すべき社風との整合性を考えて、報酬制度も組み立てないといけません。

エンパワーメントと権限委譲

・エンパワーメント（Empowerment）

エンパワーメントは、もともと20世紀にアメリカで起きた公民権運動や女性運動などで使用されるようになった言葉です。部下に裁量を与え、自己効力感を高めることで、自分で考え、行動する人材を育てることを目指すものです。エンパワーメントの目的は、組織のパフォーマンスを最大化することであり、部下が自己成長し、さらに力を発揮できるような環境づくりやサポートが成功の鍵《かぎ》となります。

エンパワーメントは、個人やチームが自分たちの仕事に対して責任を持ち、自分たちの決定やアクションに対して自信を持つことを意味します。この概念は、従業員のモチベーション、自己効力感、自律性を高めることに重点を置いています。

エンパワーメントは、組織の文化や価値観、リーダーシップのスタイルなどによってその程度が形成されます。

エンパワーメントとはその語源通り人々に力を与えるのです。例えば、私の上司のように「お前が失敗しても、日産は潰れないから、思い切ってやってこい！」と。

・**権限委譲（Delegation of Authority）**

権限委譲は、上級者やリーダーが特定のタスクや責任を部下や他のメンバーに委譲する行為を指します。このプロセスは、タスクの完了に必要な資源や情報、そして適切な権限を持つ人に、それを与えることを含むことがあります。

権限委譲の目的は、組織の効率性や柔軟性を高めること、そしてリーダーやマネージャーが他の重要な業務に集中できるようにすることです。

しかし適切なタイミングでの**報連相**はきちんと求めなくてはなりません。いわゆる「丸投げ」とは違います。また**自分の権限以上に権限委譲してはいけません**。自分が責任を取れる範囲までの権限を委譲しなくてはなりません。

・両者の違い

エンパワーメントは、従業員の自己効力感や自律性を向上させることに焦点を当てています。一方、権限委譲は、リーダーが特定のタスクや責任を部下に委譲する具体的な行為を指します。エンパワーメントは、部下が自己成長し、さらに力を発揮できるような環境づくりやサポートが成功の鍵となります。権限委譲は、意思決定の迅速化や管理者不足の解消を目指します。

「エンパワーメントとは、従業員の中にある知識・経験・意欲を解き放つような環境を組織の中に生み出すことである」

――ケン・ブランチャード

『部員たちに任せる』『任せたからには信じる』『信じて待つ』。この3つはセットでやらないとダメですね」

人物評価方法

——森林貴彦（慶應義塾高校野球部監督）

京セラの創業者、稲盛和夫さんは、著書『心を高める、経営を伸ばす』（ＰＨＰ研究所）の中で、いわゆる**稲盛方程式**とよばれる、次のような方程式を紹介しておられます。

人生・仕事の結果＝考え方（マイナス１００～１００）
×熱意（０～１００）
×能力（０～１００）

この方程式で大切なことは、考え方（つまりミッション）だけにマイナス軸があることです。私は初めこの方程式を見ても、実感がよく湧きませんでした。

この稲盛方程式をかつて社会的大問題を起こし、多くの犠牲者を出した、あの新興宗教集団に当てはめると、なるほどと腑《ふ》に落ちました。その新興宗教に入信した人たちは、超一流大学を出た、高い「能力」の持ち主が多くいました。さらに、彼らは信仰を広げようという強い「熱意」もありました。ところが、何を目的とするのかという「考え方」、つまりミッションが誤っていました。世の中に対して、マイナスのインパクトを持つミッションを持ってしまったのです。

その結果、高い「熱意」と「能力」があったにもかかわらず、考え方をマイナスの方向に向けてしまい、大変大きなマイナスの結果を社会にもたらしてしまいました。

人の能力を評価する時にも参考にすると良いでしょう。さらに別の形で、以下のように個人の能力を評価するとわかりやすいかもしれません。これは自分自身にも当てはめて考えることも大切です。

●個人の能力＝（知識＋経験・技術）×人間力

●人間力＝考える力＋行動力＋感じる力

人間力について少し考えてみましょう。

・考える力

考える力とは入試で必要な暗記力だけではなくて、問題がどこにあるかを分析し、いろいろな解決策を導く力です。ビジネスは常に変化しており、問題は日々変わり、組織も変化します。今起こっている現象の「**なぜを問うこと**」が考える力を養う始まりです。ある現象の答えは一つではなく、多くの原因があります。頭が固い人ほど、答えの数は少なくなります。逆に頭の柔らかい人は、多くの答えを挙げられるでしょう。多くの原因が分かれば、多くの解決策が考えられることになります。こういった意味で考える力はとても大切です。

・行動力

行動する力は実際に体を動かすことができる力です。ビジネスで言えば、現場で何が起こっているか、市場や顧客は何を求めているのかを自ら足を運んで調べ探ることです。さらに大切なことは失敗を恐れず、挑戦する勇気を持って発言し、仕事を遂行することです。そういった観点から人物評価すると良いでしょう。

「私は成長するにつれて人の発言はあまり気にしなくなった。私が注目するのは彼らの現実の行動だ」

——アンドリュー・カーネギー

・**感じる力**

感じる力を伸ばすためには、いろいろな文学、絵画、音楽などの芸術に触れると良いかもしれません。また**違和感を大切にする**ことです。「何かしっくりこない」「美しくない」「何かがおかしい」といったことを感じたら、立ち止まってその原因を考えると良いでしょう。

最近リベラルアーツの重要性が叫ばれているのは、この感じる力の重要性が高まっているからです。感度を高めるには、多くの感動経験を重ねることがとても有効です。例えば、できるだけ一流のモノやサービスに触れること。感度の高い人と付き合うようにすることなどです。この他、倫理観も人間力のとても大切な要素でしょう。

ドラッカーの観察した一流のリーダー

ドラッカーは、GEのジャック・ウェルチのコーチングをはじめ多くの経営者のメンターとなり、数々の世界的な企業のコンサルタントをしました。その中で彼が観察してきた一流のリーダーたちは、次の4つを認識していました。

1. リーダーは、**ついてくる者**がいて初めてリーダーたりうるということである。考える人もいれば、未来を見通せるという人もいる。いずれも重要であって必要な資質である。だが、そもそもついてくる者がいなければ、リーダーにはなり得ない。

2. 愛されたり、敬われるだけでは、リーダーにはなれないということである。付き従うものが正しいことを行ってこそのリーダーである。リーダーシップとは人気ではない。**結果を出す**ことである。

3. リーダーとは、目立たざるを得ない存在であるということである。したがって、リーダーは**模範**とならざるを得ない。

4. リーダーシップとは、地位や特権、肩書や財力ではないということである。それは**責任である**ということである。

またドラッカーが観察してきた一流のリーダーには仕事の仕方に共通するものがありました。

1. 「何をしたいか」からはスタートしなかった。「**何をしなければならないか**」からスタートしていた。

2. 「**自分には何ができるか。何を行うべきか**」を考えていた。ニーズとともに、自分の強みや得意とするものとの適合性を考えていた。

3. 常に、「**組織の使命と目的は何か**」「**成果とすべきものは何か**」を考えていた。

4. 部下の**多様性**を受け入れ、自分のコピーなど求めていなかった。「この人物が好きか嫌いか」など、考えたこともない人たちだった。ただし、仕事の成果、水準、質については鬼のように厳格だった。

5. **部下の強み**を恐れていなかった。そのことを我がことのように喜んでいた。「自分よりも優れた人物を集めた男、ここに眠る」とのアンドリュー・カーネギーの墓碑銘こそ、彼らのモットーだった。

6. 何らかの方法によって、「**鏡に自分を映す**」自己点検を行っていた。鏡に映る姿が、自分の理想とする人間、尊敬する人間、信奉する人間に近いかどうか自問していた。こうして、ややもすれば、正しいことよりも人気のあることに走り、とるに足らない、下劣で薄っぺらなことに手を染めるという、リーダーに特有の落とし穴に気を付けていた。

思うようにいかないメンバーをどうするか?

注意の仕方

リーダーとして期待通りに結果の出ていない人に対しては、なんらかの対処が必要です。短絡的に叱責《しっせき》しがちですが、まず考えないといけないのは、本人がやる気があって、パフォーマンスが上がらないのか、そもそもやる気がないのかを見極めなければなりません。やる気がある場合は、そのやり方やそもそも取り組んでいる仕事の内容をしっかり理解していない場合がほとんどです。ただ、目標をしっかり定め、適宜コーチングもしているのに、本人が一向にやる気が出ない時は、注意をする必要があります。一般的にやる気はあるのだが、本来の実力を発揮できていない部下には4つの理由があります。

1. 自分が何を期待されているのかそもそもわかっていない

2．取り組み方がわかっていない
3．取り組む理由がわかっていない
4．どうにもならない障害が存在している

この4つの責任は全てリーダーにあることを心に刻んでおきましょう。それぞれリーダーとして対処しなくてはなりません。

本人に注意する場合には以下の4点に気をつける必要があります。

1．何か誤りを犯したら、できるだけすぐに本人に**フィードバック**をする。現行犯が一番よいのですが、その過ちを知った時点でなるべく早く本人にその旨を伝える。本人がそのミスについてきちんと理解しているか確認する。決して叱責をしてはいけません。

2．注意の内容はできるだけ**具体的に**、何が間違っているのかを指摘する。曖昧《あいまい》な表現では、相手が誤解をするかもしれないし、単に聞き流してしまうかもしれません。そのミスが、お客様や後工程引いては会社や社会にどんな影響を与えるか認識してもらいます。改めてミスした仕事の原因をしっかり分析して**再発防止**を行う。場合によって次に来る新人のために**マニュアル**を書かせると良いでしょう。マニュアル作成は本人にとって良い勉強になります。

3．そのミスに対して自分がとてもがっかりしていることを伝える。裏を返せばそれだけの期待をかけていることを感じてもらいます。間違っても「やっぱりミスったか」などと言ってはいけません。

4．注意はするものの、その人を否定しているのではなく、その行動に対して行っていることを感じさせる。「罪を憎んで人を憎まず」です。「**君らしくない**」と言えば、そのニュアンスが伝わるでしょう。できれば最初と最後は、何か賞賛や感謝の言葉を伝えるようにすればと良いと思います。本人に対する期待が大きく、今後はもしわからないことがあれば、周りや自分に遠慮なく聞きに来ることを促して、温かい雰囲気で終わるようにします。

よくある間違いは大声で叱責をしてしまうことです。そうすると今後問題の報告が遅れたり、隠蔽《いんぺい》するようになってしまいます。そのため当初のボヤ程度の火事が大炎上してしまうこともあります。優秀なリーダーは叱ることがうまいものです。怒るのではなく叱るのです。相手の人間性や尊厳を否定せずに失敗をすぐに叱る。その後の**フォロー**も、決して忘れないことが必要です。

リーダー自身の自己反省のチェックリスト

- パフォーマンスに対する期待は明確だったか？
- 当人とそのパフォーマンスや行動について話し合ったか？
- よい仕事とはどのようなものか分かっているか？
- パフォーマンスの妨げになるものがないか？
- 正しいリーダーシップスタイルを用いたか？
- パフォーマンスや行動に対してフィードバックを与えたか？
- 不適切なパフォーマンスや行動に対して報酬を与えたことはなかったか？
- 良いパフォーマンスや行動で罰を受けたことはないか？
- 求められるパフォーマンスを支援する体制となっているのか？
- 必要なスキルを学ぶための時間や訓練を与えられているか？

私自身部下との人間関係ができていると思って、何か会食の席で冗談のつもりで言った一言が、その人を傷つけてしまい、避けられるようになったことがあります。

上司の言動には、部下はとてもセンシティブ（敏感）になっているので、オフィス以外の場の飲み会やインフォーマルな席でも発する言葉には十分気をつけた方が良いと思います（逆に部下が言う冗談の中に、本音があることにも注意する必要があります）。

普段とても優しい先輩に酔いが回って、正座させられてネチネチ説教されたことがあります。この人は普段ニコニコしていたので、とても意外でした。多分ご本人は覚えていないでしょうが、やはり私もその先輩を避けるようになってしまいました。

やる気をなくした部下の扱い方

やる気をなくした部下の扱い方について、リーダーは頭を悩めることが多いものです。どうしても組織にはやる気をなくした人間は20％近くいるものです。いわゆる2：6：2の法則の下の2割だと考えられます。その中には単に性格的な問題や家庭の問題でやる気をなくしている場合もあります。

一方リーダー側の問題として、彼らのニーズに合ったリーダーシップを与えていない、過度に指導したり、逆に全く指導していなかったり、その他にも数多くの原因が考えられます。フィードバックがない。認められない。期待されるパフォーマンスが明確でない。基準が不公平である。怒鳴られる。非難される。約束を破られる。忙し過ぎてストレスで参っているなど。

やる気をなくしている原因は一体何かということについて、リーダーはしっかり把握しないといけません。面談によってその原因をしっかり探らないといけません。なかなかそういった人は、本音を話してくれないので、まずは人間関係の構築から始める必要があるかもしれません。決して非難ではなく、あくまでもサポートするという姿勢で話をすることが大切です。間違っても詰問調にならないよう注意します。

原因が人間関係・信頼関係であれば、その修復の努力をすべきです。人間関係は一旦《いったん》破綻《はたん》すると修復するのは、とても難しいことが多くあります。組織にとっても本人にとっても、早めの人事異動も考えた方が良いかもしれません。

やる気をなくしたわけではないが、パフォーマンスが落ちている場合もあります。例えば仕事上のミスが続き、本人が自信をなくしているケースです。その時は少し軽めの仕事を割り振り、徐々に自信を取り戻させることが大切です。周りから本人のパフォーマンスについて悪い評判があっても、事実ベースなのか単なる憶測なのかを区別する必要があります。基本的にはリーダーは、自分自身で見た事実を元に判断するようにするべきです。

噂ベースを信じて、結果その部下との人間関係まで壊れてしまい、修復がとても難しくなることも少なからずあります。組織の中には必ず「噂好き」がいて、見ていないものをあたかも自分が見たことのように話す人がいるので注意が必要です。複数の悪い噂を聞いたら、本人にそれとなく確認すべきです。変な噂があるから気をつけた方が良いと忠告してあげることも大切です。もし不正やコンプライアンス違反が疑われるときは、人事や法務に相談して調査してもらいましょう。

「責任を果たすためには、時には人を怒らせることを覚悟しなければならない」
——コリン・パウエル

不良メンバーを排除する

チームメンバーの中にはやる気がなくネガティブな態度で、チームの足を引っ張る人がいます。こうした場合は毅然《きぜん》とした態度で臨まなければなりません。まずは直接本人に態度を改めるように注意をしなくてはなりません。何かの原因があるのであれば、面談によって、それを聞き出す努力もしなくてはなりません。しかし残念ながら組織にはある一定数そういった人たちはいるものです。その時は断固として人事権を行使しなければなりません。まずは評価を下げ、それでも改められない場合は排除する必要があります。異動もしくは退職させる必要性まで考えるべきです。こういった事態を避けるためには、そもそもの**採用については、慎重の上に慎重を重ねる必要**があります。

「君主は、慕われないまでも、憎まれることを避けながら、畏《おそ》れられる存在にならなければならない」

——ニッコロ・マキャヴェリ

謝罪方法

リーダーといえども過ちやミスを犯します。もちろん自分がミスをしていなくても、部下がミスをした時は、リーダーにも管理責任があり、謝罪しないといけない時があります。その時に部下を庇《かば》って素直に謝ることによって、かえって共感を呼び、このリーダーについて行こうと思われることもあります。

少し前の話ですが、「プロ野球の統一球問題」での、当時の外務省ＯＢのコミッショナーの責任の取り方です。かつてプロ野球の公式球は各チームバラバラでした。それを統一したのは良いとして、飛ばないボールに統一しました。その結果ホームランは40％以上激減してしまいました。

プロ野球機構は、選手会や球団に通知することなしに、また飛ぶボールに勝手に変更しました。実際やっている選手からは「おかしい」と追及されましたが、プロ野球機構はこのことをずっと隠蔽していました。当然コミッショナーにも随時報告されていました。またその統一球にコミッショナー自身のサインが書かれていました。

責任を追及されたコミッショナーは、記者会見で「昨日まで全く知りませんでした」と全否定し、謝罪することなく全てを部下のせいにしてしまいました。この時の事務局長は嘘を言わされているので、泣いていたことを覚えています。記者からの責任を追及する声に対しては「不祥事を起こしたとは思っていません」と開き直り、謝罪どころか、混乱の責任をとってコミッショナーの職を辞めようとはなかなかしませんでした。

彼のバックグラウンドは駐米大使までやっている超エリートです。平気で嘘をつき、部下のせいにして責任を取らない。こんな人が日本の外務省のエリートと思うと本当に情けなく思います。本来、責任と権限はセットのはずです。責任を取れない人は、大きな権限を持つトップにいるべきではないのです。

謝罪について大切なのは、まず自分が素直になって、速やかに間違いを犯したことを認める必要があります。変な言い訳や人に責任を転嫁することはとても見苦しいことです。大切なのは自分の行動にすべての責任を負い、自分が何をしたか、どんなに悪いことをしたと思っているかを素直に伝えなければなりません。謝罪については誠実であることがとても大切です。いわゆるインテグリティ（誠実さ）の精神が大切です。つまり気持ちと言葉と行動を一致させることが大切です。

次は問題に目を向けて、どのようにリカバリーすることができるかに焦点を合わせます。最後に同じ過ちを二度と繰り返さないことを約束し、行動を改める決意をはっきり示さなければ、誰もあなたの謝罪に耳を傾けてくれません。

ただし誤解だったり、明らかに不可抗力だったりした場合は、それを明らかにした上で、謝らないといけません。濡《ぬ》れ衣は晴らした方が良いのです。場合によっては甘んじて言い訳をせず、受け入れることの判断はとても大切です。

企業の謝罪の対応として有名なのが、1982年のアメリカの頭痛薬「タイレノール」への毒物混入事件、2008年の「ジャパネットたかた」の顧客情報漏えい事件です。

タイレノールの販売元であるジョンソン・エンド・ジョンソンは、毒物が混入されて7人が亡くなったことを知ると、直ちに全米のタイレノールをすべて回収しました。情報を徹底的に公開し、広告や顧客対応に巨額のコストをかけて事件が起きる可能性を元から断ち、混入されにくい新たな工夫を施したパッケージに改良するまで販売をしませんでした。ジョンソン・エンド・ジョンソンの信条（クレド＝MVV）に従って対応しました。

ジャパネットたかたの顧客情報漏えい事件は、元従業員が別の社員と共謀し、企業が保有する販売目的のパソコンを窃盗、さらに顧客の個人情報が入ったCD－Rを持ち出しました。結果、顧客情報が外部に流出することになり、同社は1ヶ月半もの営業自粛を行い、テレビ通販も中止し、徹底して体制の再構築に努めました。

どちらも、「そこまでやらなくてもいいのではないか！」というほどの対応をしました。そもそもタイレノール事件はあくまで犯人が毒物を混入して、人を殺したことが事件の本質であり、ジャパネットたかたも監督不行き届きがあったにせよ、悪意をもった社員の犯罪です。両社は被害者でもあるのです。「俺だって寝ていないんだ！」と社長が開き直って経営悪化して解体された某食品会社とは大きく姿勢が違います。オーナー系は仮に大きな失敗を認めても、クビになることはありません。一方サラリーマン社長は、責任を取る＝辞任になり、保身から失敗を認めにくく隠蔽する傾向があります。

良いコミュニティの構築

「コミュニティを構築ないし再構築するスキルは、現代のリーダーに求められる無数の要件の一つではない。それはリーダーが発揮しうる、最も高度で、最も欠くことができないスキルの一つなのだ」

――ルイス・ガースナー

私はスターバックス入社後すぐに1週間の座学の後、店舗研修をしました。コーヒーの淹《い》れ方や掃除の仕方を教えてもらいました。正直とても疲れましたが、スターバックスのお店で働いていると、人間としていい面だけ出せば良いという独特の空気（カルチャー）を感じました。

1日中の立ち仕事で、正直私も「楽をしたい」「サボりたい」という気持ちを持っていました。しかしスターバックスのお店で働いているとそういう気持ちが全く起きないのです。人間誰しも「良い面」と「悪い面」を持っています。スターバックスのお店では、その「良い面」だけ出せるのです。

例えば、ディズニーリゾートでは、ほとんどの入園者はゴミのポイ捨てをせず、きちんとゴミ箱に捨てています。園内では、それが当たり前という「空気」ができているからです。でも園外に出れば、浦安《うらやす》の高速道路の入り口はゴミの山です。

第8章のまとめ

- リーダーの仕事として目標設定・評価・賞賛・謝罪などを、真摯《しんし》さをもって行わなくてはならない。
- 組織を良い方向性に向かわせるためには、人事権を行使しなくてはならない。
- チームワークを重視した組織を作りたいなら、金銭的インセンティブより、リコグニション（精神的インセンティブ）の方が良い。
- 謝罪について、間違いを素直に認め、再発防止を宣言しなくてはならない。

次章では共感型のリーダーの自己啓発について一緒に考えていきましょう。そのためにはまず自己をしっかり認識し、人を治める前に自分を修めなくてはなりません。リーダーこそはその人間性が一番問われるのです。

C O L U M N

SWOTクロス

SWOT分析は、Strengths（強み）、Weaknesses（弱み）、Opportunities（機会）、Threats（脅威）の4つの観点から組織やプロジェクトを分析するフレームワークです。SWOTクロスとは、通常のSWOT分析を一歩進めて、それぞれの要素を相互に関連付け、より具体的な戦略を導き出すためのアプローチです。

PESTEL分析で出てきた項目で、自社にとって追い風は「機会」に、逆風は「脅威」の欄に書き込みます。強みと弱みをそれぞれ掛け合わせて戦略仮説を考えてみるのです。SWOT項目が3つずつあるとすると3×3×4＝36項目の戦略仮説のヒントを見つけることができるのです。

具体的には、次のようなステップでSWOTクロス分析を行います。架空のコーヒーショップの戦略の実例を考えてみます。

1 強みと機会のクロス（S×O戦略）←〈これが一番大切な戦略！〉

企業の内部の強みを活用して外部の機会を捉《とら》える戦略を立てる。

強み：顧客サービスが優れており、リピーターが多い。
機会：最近のトレンドは、健康志向の飲食品への関心が高まっている。

戦略：自社の優れた顧客サービスを活かして、健康志向のメニューを開

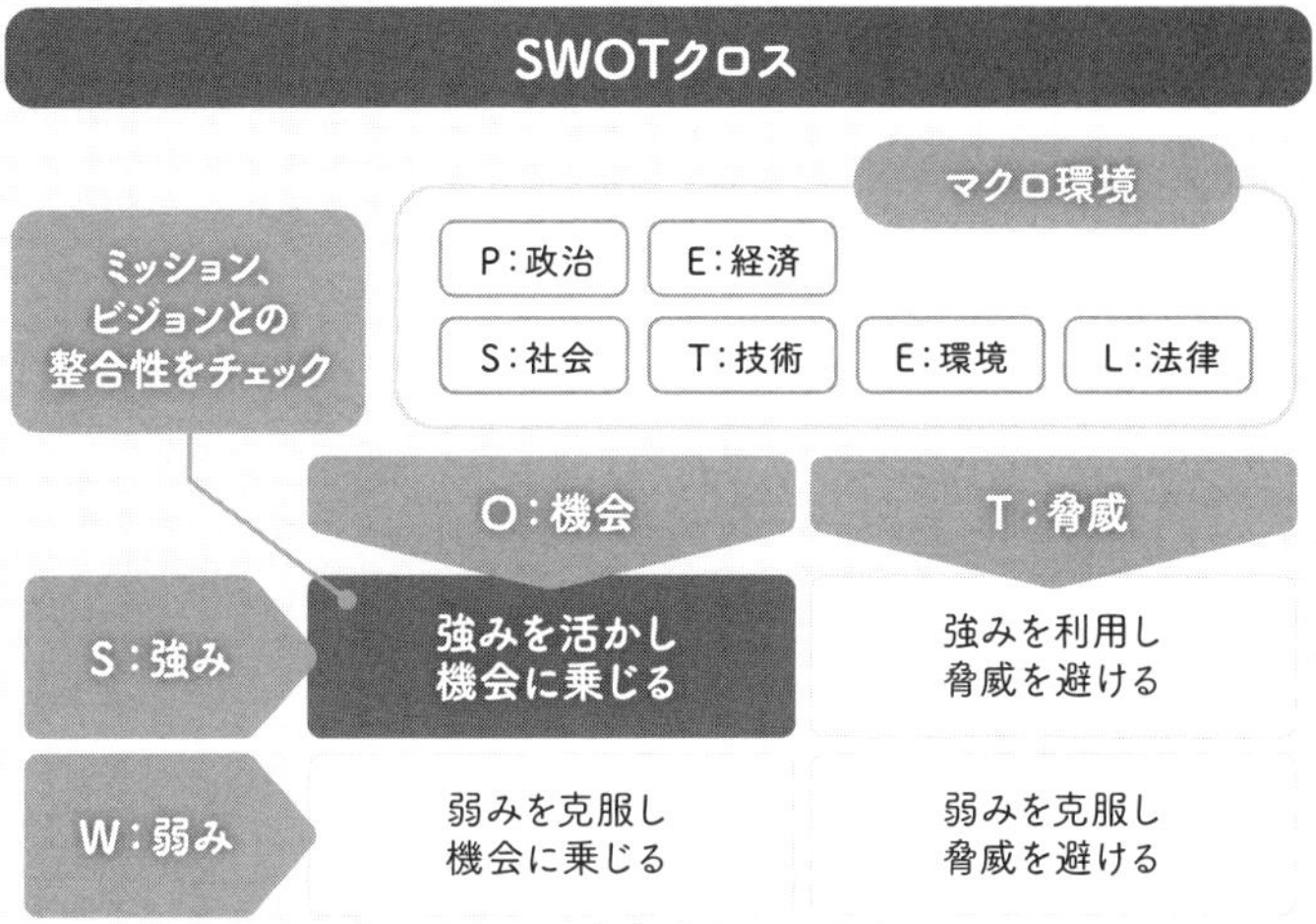

一番大切なのは機会に乗じて自らの強みを最大限に生かすこと

発し、健康を意識する顧客層を取り込む。

2 強みと脅威のクロス（S×T戦略）

企業の強みを用いて外部の脅威に対処する戦略を立てる。

強み：カスタマイズ可能な飲み物で知られている。

脅威：競合の大手カフェチェーンが同地域に進出してきている。

戦略：カスタマイズの強みを利用して、地域に根ざした限定フレーバーやコラボメニューを創出し、大手チェーンとの差別化を図る。

3 弱みと機会のクロス（W×O戦略）

企業の外部の機会を利用して内部の弱みを克

COLUMN

SWOTクロス

服する戦略を立てる。

弱み：店舗の立地が中心街から離れているため、新規顧客の流入が少ない。

機会：近隣地区でテレワークが普及し、近くで働く人々が増えている。

戦略：テレワークに適した環境を店舗に導入し（Wi-Fiの強化、電源の提供）、近隣で働く人々をターゲットとしたプロモーションを実施。例えば、「テレワークフレンドリーパッケージ」や「ランチタイム特典」を提供して、新規顧客の流入を促進し、立地の弱みを補う。

4 弱みと脅威のクロス（W×T戦略）

企業の内部の弱みが外部の脅威にどのように影響するかを考え、最小限に抑える戦略を立案。

弱み：マーケティング予算が限られており、大規模な広告キャンペーンを行うことが難しい。

脅威：大手カフェチェーンが低価格のキャンペーンを行っている。

戦略：予算内で効果的なマーケティングを行うために、地元のコミュニティイベントへの参加や、ソーシャルメディアを利用した口コミマーケティングを強化する。また、低価格競争の代わりに、独自の品質やサービスで差別化を図る。

SWOTクロスは、戦略仮説を見つけ出すために有効です。最優先すべきは強み×機会です。出てきた戦略仮説を必ず自社のMVVと整合が取れているかチェックをし、自社の方向性を見失わないようにします。

とにかく実際に手を動かすことを強くおすすめします。

第9章

学ぶことに
遅すぎることはない

成果をあげるエグゼクティブの自己啓発とは、
真の人格形成でもある。
それは機械的な手法から姿勢、価値、人格へ、
そして作業から使命へと進むべきものである。

ピーター・ドラッカー

リーダーは背中を見られている

【自己研鑽の姿勢】

「その身正しければ、令せずして行わる。
その身正しからざれば、令すといえども従わず」
――『論語』

リーダーは組織メンバーの範となるべき存在です。いくら素晴らしいMVVを掲げても、どんな素晴らしい演説をしても、もしそのリーダー自身が、人間として尊敬できない人であれば、誰も共感してついてきてくれません。人を治める前に、まず自分自身を修めないといけません。この章は共感型リーダーになるための自己啓発についてお話しします。

あるアメリカの調査で、

「中年男性は、心臓発作を起こした後で転職することが多い」

というものがあります。死が目の前まで近づいた時、人は人生の意味を考える転機となり、方向修正するのでしょう。

「中高年男性の満足度は、若い頃の夢にどれくらい従ったかで決まる」

人間の本質的な部分は歳をとっても、そんなに変わらないということです。一般的に歳をとると、できない理由ばかり考え、自分の夢にチャレンジしなくなってしまいます。一方子供の頃の夢を諦《あきら》めず追いかけた人は、人生に対して大きな満足感を得られるようです。一魅力的なリーダーはどこか子供っぽさ（ネオテニー）を持っていることと関係しているかもしれません。

私の場合、日産に新卒で入社した頃から、いずれ社長になりたいと思い、運よく3社で社長をすることができました。社長時代に、漠然と将来本でも書いて、ビジネススクールで教えながら、自分でコンサルティング会社を経営したいと思っていました。現在の私の姿です。プライベートでも小さい頃思っていた天井が高く、お風呂《ふろ》が大きい家に住みたいという夢もほんの少し実現できました。英語で苦労しながら卒業したUCLAから2012年、卒業生3万7000人の中から100 Inspirational Alumni

に選出され、また2023年、早稲田大学ビジネススクールよりティーチングアワードを受賞することができました。こう振り返ると本当に「願いは頑張れば叶《かな》う」のだと実感しています(すみません! 自慢話でした)。

企業変革においてクイックヒットがとても重要であると同様に、仕事でもプライベートでも、小さな成功を成し遂げた**自分に拍手**し、少しずつ自信を積み上げていくことは、素晴らしい人生を送るためにとても重要なことです。それが次の成功をもたらす原動力になっていきます。私なども学生時代の野球部での小さな成功体験やビジネススクールに入るために必死になって英語の勉強をして、その苦労が報われたことが、今でも心の支えとなっています。**頑張ればなんとかなる**という自信が、苦しい時に支えてくれました。もちろんそれで自己満足してしまったり、傲慢《ごうまん》になってはいけないのですが、**自己肯定感を持つこと**は、とても大切だと思います。

共感型リーダーになるための準備

「企業を発展させていこうとするなら、まずは経営者が人間としての器、言い換えれば、自分の人間性、哲学、考え方、人格というものを、絶えず向上させていくよう努力を重ねていくことが求められるのです」

——稲盛和夫

まず共感型リーダーになるための準備として、以下の3点から始めると良いでしょう。

1．周りのリーダーを観察する

歴史上の人物や周りにいる尊敬できるリーダーの言動から学ぶことが大切です。もしかすると、反面教師になるリーダーがいるかもしれません。尊敬できる上司や経営者と一緒に仕事ができれば幸せですが、そうではない場合もあるでしょう。どうしてそのリーダーは皆から共感を得られるのか、得られないのか考えてみると良いでしょう。偉人の伝記、好きなリーダーや経営者の本を読むことをお勧めします。

私の小学校の時の友人のM君は、とにかく正義感の強く、優しく男らしい人でした。誰かがいじめられていると必ず庇《かば》っていました。彼から人の悪口を聞いたことはありませんでした。また大学時代の野球部のキャプテンのN君もキャプテンの中のキャプテンでした。一度公式戦の試合前に皆が気合いが入っていないと並ばされて物理的に気合いを入れられましたが、誰一人文句は言いませんでした。ファイトがあって、自分に厳しく周りにも厳しいのです。

またここぞという時には気合いでヒットを打ってくれました。紅白試合の時に私はストライクが入らず、罰として長い間正座させられたこともあります。私も高校時代キャプテンをしていましたが、彼のようにはなれなかったと深く反省します。

この2人を思うと今でも見習いたいし、彼らに今の自分が叱られないかといつも背筋が伸びます。

---

2. リスクを取る勇気を持つ

共感型リーダーは、新しいアイディアを提供し、イノベーションを促進するために、リスクを取る勇気が求められます。そのためには、まず**自信を持つ**こと、**失敗を恐れないこ**とがとても重要です。いわゆる「やってみなはれ」精神がとても大切です。いきなり大きな課題にチャレンジするのではなく、小さな成功体験が「何とかなる」という自信を生み、次にさらに大きなリスクを取る勇気が持てるようになっていきます。色々な選択を迫られる場面でも、賛成か反対か、自分の立場（ポジション）を取るということが大切です。右か左かといった決断力も必要です。日和見や他人に迎合するリーダーに人はついていきません。リーダーの最も大切な仕事の一つは**決める**ことです。レストランで注文するメニューをすぐ決めることから始めても良いと思います。

3．成長意欲を持つ

共感型リーダーは、常に自己成長を促進し、自己改善に取り組むことが求められます。常に強い成長意欲を持つことが必要です。昔から**「修養」**という言葉があります。単に知識やスキルを学ぶだけではなく、人としてどうあるべきかという心の面についても成長していかなくてはなりません。常に勉強、勉強、勉強です。**ライバルは常に昨日の自分です。**

岩田流ジョハリの窓（自己認識）

「リーダーになることは、自分自身になることに等しい。リーダーになることは、それほどに単純で、それほどにやっかいだ」

――ウォレン・ベニス

私たちは子供時代から、「親や教師に自分を合わせる方法」を教えこまれてきました。そうではなくて、**「本当の自分になること」（オーセンティック・リーダーシップ）**を学ばなければなりません。

最近、リーダーにとって**自己認識**（セルフ・アウェアネス）力の必要性が強く叫ばれています。自分の価値観などを深く内省することが大切です。

自分自身を知る方法として、上の図をご覧ください。

コミュニケーション学や心理学で頻繁に用いられるマトリックスの「**ジョハリの窓**」に、私なりに補足を加えたものです。この図には４つの窓があります。

岩田流ジョハリの窓

	自分は知っている	自分は知らない
他人は知っている	**第1の窓** **開放された窓** 自分も、他人も、知っている自分	**第3の窓** **盲点の窓** 自分は知らない、他人だけが知っている自分
他人は知らない	**第2の窓** **隠された窓** 自分だけが知っていて、他人は知らない自分	**第4の窓** **未知の窓** 自分も、他人も、知らない自分

自分をPRし、人からのフィードバックを謙虚に受け入れ、
未見の我に挑戦することが大切

第1の窓…開放された窓（自分も、他人も、知っている自分）

第2の窓…隠された窓（自分だけが知っていて、他人は知らない自分）

第3の窓…盲点の窓（自分は知らない、

他人だけが知っている自分

第4の窓…未知の窓（自分も、他人も、知らない自分）

私は40年以上前に日産の新入社員研修で習ったこの「ジョハリの窓」が、とても印象に残っています。この図全体が自分自身を表しています。「自分とは一体何か」を知るためのヒントを与えてくれます。

よく「自分探しの旅」などと言われていますが、旅をしても自分は見つかりません。この「ジョハリの窓」こそが、本当の自分を理解するヒントになります。

結局自分探しの旅というのは、この第1の窓を広げていくことなのです。

私はこの「ジョハリの窓」に少しアレンジを加えて、「岩田流ジョハリの窓」を考えてみました。この「岩田流ジョハリの窓」は、

第1の窓…自分が知っていて他人も知っている自分**（すでに共通認識・定評になっていること）**

第2の窓…自分が知っていて他人が知らない自分**（アピールする必要があること）**

第3の窓…自分が知らなくて他人が知っている自分**（フィードバックをもらうべきこと）**

第4の窓…自分も他人も知らない自分（未見の我＝チャレンジすべき自分）

「第1の窓」は、自分も他人も知っている自分です。

私を例にとって説明すると、「スターバックスの元ＣＥＯ」ということです。これまでに私の著書を読んでくださった方は、「リーダーシップの本を何冊か書いている人」と認識されているかもしれません。

「第2の窓」は、自分は知っていて、他人は知らない自分。この窓はもっと自分を知ってもらうよう**アピールをする必要**があります。

自ら他人にＰＲしていくことで第1の窓が広がっていきます。

現在の私のミッションは、講演や執筆活動などを通じて次世代のリーダーを育成することです。リーダーシップについて書いた本がベストセラーになったので、「リーダーシップの岩田」という認識が徐々に浸透しているかもしれません。私自身は「スターバックス元ＣＥＯ」だけではなくて、「ザボディショップの元社長」でもあるのです。現在は、㈱リーダーシップコンサルティングの代表として、コンサルティング

も行っており、早稲田大学ビジネススクールでも教えています。こういったことも、アピールやPRすることが大切です。

「第3の窓」は、自分が知らなくて、他人が知っている自分。この部分は他人からフィードバックされないと気がつくことができません。自分でさえ気がついていない長所・短所や意外な一面です。第1の窓を広げるためにも、素直な気持ちで、他人からフィードバックを受けることがとても大切です。

特に日本人の場合、国民性のためか他人から褒められたり、長所を指摘されてもそんなことはないと否定してしまうことが多くあります。自分はそう思っていなくても、他人からそう見えているのは事実です。

私自身講演などの感想を読んでいると「早口で語尾が聴き取れなかった」というフィードバックをよく受けます。いつもゆっくり話そうと思っているのですが、講演が始まり気持ちが乗ってくると、どうしても早口になってしまうようです。これは指摘されて初めて知る自分の短所です。

長所はもちろんですが、自分の短所を指摘されたときでも、謙虚に素直に受け止めることが、成長するための絶対条件です。良いことでも悪いことでも、言ってくれた人に感謝をする気持ちが大切です。どんな内容でも、自分自身の成長につながるようにフィードバックを受け取ることです。信頼のおける人からのフィードバックは真摯《しんし》に受け止め、そうではない人からは、そう見えているのは事実なので、一つの意見として参考にすれば良いでしょう。

「未見の我」を信じなさい

「第4の窓」は自分も他人も知らない自分。「盲目の窓」と言われていますが、私はこの窓を「未見の我」と名付けています。この言葉はタナベ経営の創業者田辺昇一《たなべしょういち》さんの本に書かれていた私の大好きな言葉の一つです。

自分も、他人も、知らない自分が存在する——。

スーパーコンピューターの「京」は、17億3000万個の神経細胞と10兆個以上のシナプスの相互作用を擬似化することに成功しました。これは人間の脳のネットワークの1パーセントに過ぎず、脳の「部分的な」活動の1秒間分を40分かけて真似する

――ことに成功したそうです。人間の脳はすごいのです。

私は、どう考えてもこの脳力をフル活用しているとは思えません。まだまだ眠った才能や能力が豊富に詰まっているのです。自分自身でさえ知らない大きな可能性があります。この脳のシナプスは歳とともに減る一方だと言われていましたが、最近の研究では学習や経験で増える可能性もあるそうです。いくつになっても、新しいことにチャレンジして、「未見の我」を発見することができるのです。

私の場合は、いずれ本を書いてみたいとは思っていました。小学校の時に区の文集に載ったぐらいで文才などないと思っていました。まさか20冊を超える本を出版するなんて思いもよりませんでした。私の著作を読んだ人からは、わかりやすかった、読みやすかったと言っていただくことがあります（難しいことを書けないからかもしれませんが）。

10年ほど前に出版社の編集者の方からのお誘いに、思い切ってチャレンジしてみたのです。何冊かはベストセラーになり、自分が今まで全く気がついていない自分の一面でした。まさしく「未見の我」です。

自分探しの旅は、実はあなたの中にある「未見の我を探す旅」なのです。別に難しい話ではありません。

多くの人は、ためらってなかなか新しいことに挑戦しません。人は変化を恐れます。それでは、いつまで経っても自分の可能性は広がっていきません。

ところが、他人はおろか、「自分も知らない自分が存在する」と信じれば、あなたの可能性は無限に広がっていきます。できない、不得意、と決めつけてしまっていたことであっても、「やってみれば、意外にできるかもしれない」と思えば、新しい一歩が踏み出せるはずです。

「未見の我」を掘り起こすために必要なことは、**新しいことにチャレンジする「勇気」**です。勇気を持って新しい世界に踏み込み、自分自身に刺激を与えて反応を見るのです。多くの物語の主人公はたいてい旅をしています。新しい人と出会ったり、新しい事件が起こったり。意外な自分を発見するのは、いつも旅の途中です。

『オズの魔法使い』も『不思議の国のアリス』も、新しい旅と冒険を通じて成長し、主人公はひと回り大きくなって帰ってきます。

何も旅行でなくてもよいのです。自分が今までできなかったこと、チャレンジしてこなかったことを思い切って始めてみることです。**具体的な行動を起こすことが大切**です。それがまさしく「新しい自分探しの旅」の始まりです。

自分自身のミッションを考える

「人は人生の意味を問うべきではなく、むしろ問われているのは、自分自身であることを認識しなければならない」

——ヴィクトール・エミール・フランクル

今私達がここに生きているということは、本当に「有り難きこと」です。もしご両親が巡り会わなければ、皆さんはここに存在しないのです。ご両親のご両親つまりお祖父《じい》さんとお祖母《ばあ》さんが巡り会わなければ、皆さんはここにいないのです。

もっと遡《さかのぼ》れば、ビッグバンが起こらなければ、地球が存在しなければ、生命が誕生しなければ、我々はこの世に存在しないわけです。

この無限の奇跡の積み重ねを考えると、私は生きているというよりは、何か大きな力(Something Great)によって「**生かされている**」という感覚を持っています。生かされているとすれば、生かされている理由があるのではないでしょうか？　つまりその生かされている理由が、人それぞれの「**ミッション**」なのです。私たち一人一人に何らかのミッション（使命）が与えられているのだと思います。

企業にとって「ミッション＝存在理由」が大切なように、個人にとっても「ミッション」を持つことはとても大切なことです。

ミッションとは使命です。使命とは「**自分がこの世に生かされている理由**」です。つまり自分に与えられた使命です。使命とは「命をどう使うか」と書きます。もちろん自分のため家族のために命を使っていただければ良いのですが、世の中のためにもぜひ使っていただきたいと思うのです。それをしっかり意識することが、仕事に対するやりがいになり、世の中に貢献することでもあると私は信じています。

ただ、自分の「ミッション」を見つけることは、そう簡単なことではありません。

何よりも、私自身がそうでした。

今、私が自分の生涯をかけて成し遂げたいと思っている「ミッション」は、「リーダーを育てること」です。この答えにたどり着くまでには長い年月がかかりました。日産自動車に始まり、さまざまな経験を経て、50歳を過ぎてようやく現在のミッションである「次世代のリーダーを育てる！」にたどり着きましたが、まだ道半ばです。これからも今できる目の前のことを一所懸命頑張っていきたいと思っています。

「人生の中心的要素の一つは、自分が何者かであるかを明らかにしたいという強い欲求である。それはただ、個人としての本質を明かすことだけを意味するのではない。自分が価値を感じられる役割を果たしているかどうか、ということもまた重要なのだ」

――アーサー・ミラー

3つの輪は何か考える

私の経営の教科書『ビジョナリー・カンパニー2』の中には、「ハリネズミの概念」として3つの輪が書かれています。私はこの3つの輪が自分のミッションを考える良いヒントになると思っています。

次ページの図を見てください。3つの輪のひとつ目は、「情熱を持って取り組めること」。ふたつ目は「世界一になれること」。そして最後は「経済的原動力になるもの」。これら3つの輪の重なるところを経営戦略の中枢に据えなさいとアドバイスしています。

ちなみに「ハリネズミの概念」とは、ハリネズミはぐっと丸まってひとつのことに集中する、気が多い狐はいつもハリネズミに負けて尻尾《しっぽ》を巻いて退散するという寓話《ぐうわ》からきています。つまりこの3つの輪に、当てはまるような戦略を考え、それに集中しなさいとい

個人のミッションの考え方

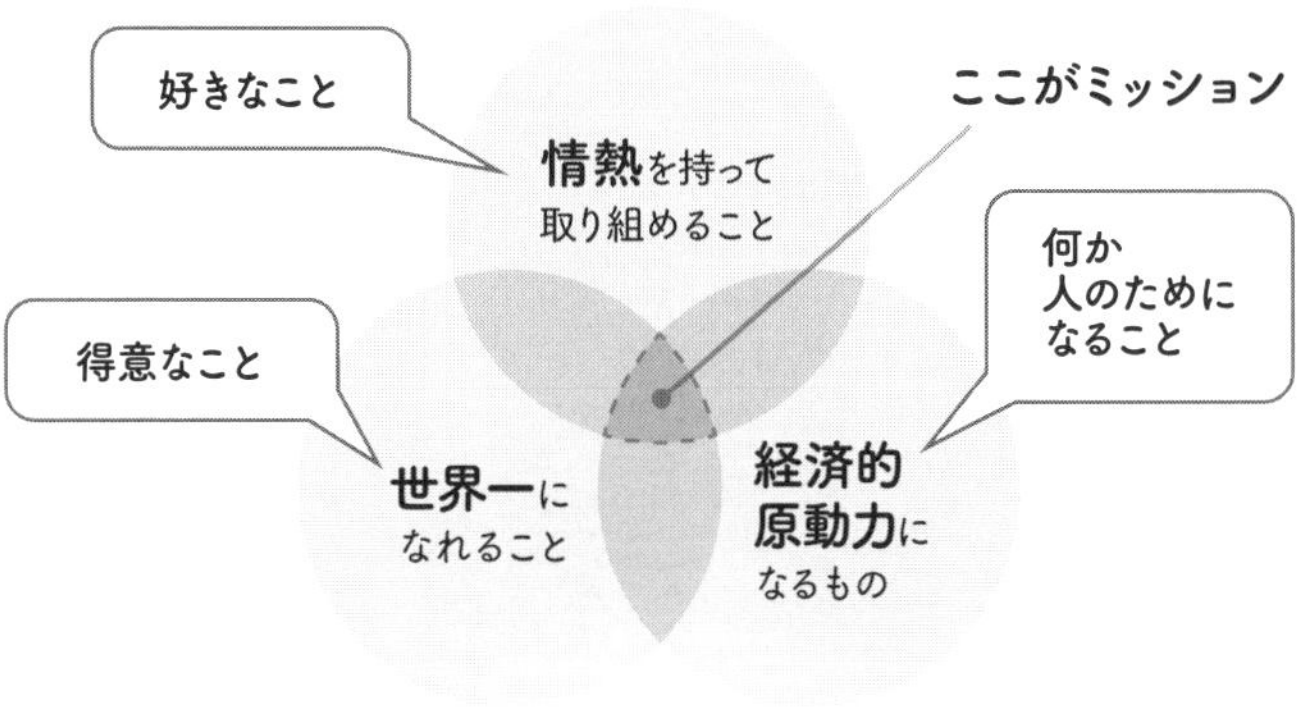

あなたがこの世に生かされている理由が"使命"
この"使命"を考え続けることが大切

う教えです。

私はこの「ハリネズミの概念」は、個人のミッションについても当てはまるのではないかと思います。3つの輪を構成する要素を、個人のミッション作成に置き換えて考えてみます。

まずひとつ目の輪は、「情熱を持って取り組めること→**好きなこと**」。

ふたつ目の輪は「世界一になれること→**得意なこと**」。

そして3つ目は、「経済的原動力になるもの→**何か人のためになること**」。

人のためになることであれば、その対価として報酬をいただくことができ、経済的な原動力になるわけです。

私と野球を例にして考えてみましょう。

まず、私は野球が子供の頃から大好きでし

た。高校・大学は野球漬けでした。これがひとつ目の輪。一応大学野球の近畿《きんき》リーグの一部でピッチャーをやっていましたから、草野球レベルよりは、若干野球がうまかったと思います。これがふたつ目の輪。ただ、残念なことに、私のプレーレベルでは、お金を払ってプレーを見てくれる人は、だれもいませんでした。彼女も見に来てくれませんでした。3つ目の輪は当てはまりません。ですから私にとって野球はあくまでも、ただの趣味なのです。

では、大リーグで活躍している大谷翔平選手の場合はどうでしょう。もちろん野球は大好きで、野球以外のことにはあまり興味がないように見えます。そして打っても投げても素晴らしい成績を残しています。そして高いお金を払ってでも、彼のプレーを見たい人が大勢集まります。大谷選手の一所懸命なプレーは、我々を本当にワクワクさせてくれます。大谷選手にとっての野球は、3つの輪が重なり合っています。大谷選手は、野球で素晴らしいプレーをしてファンを喜ばすことをミッションにしていると思います。

私の今のミッションは、リーダーや経営者を育てることです。私は偉人やリーダーの本が昔から好きで（好きなこと）、関連する本をたくさん読み、自分でも経営者としての経験を積んで、一応の実績を挙げてきました（得意なこと）。こうして自分の経験を元に、本を書いたり、講演をしたりして（人のためになること）、お金をいただいているので継続できるのです。私にとって「リーダー教育」こそが、3つの輪の重なる部分なのです。

あなたも、ぜひ自分の3つの輪の重なりは、何かを考えてみてください。

私は50歳を過ぎて自分のミッションが見つかった

ミッションを持つのに遅すぎることはない

いくつになっても、大きな「志」を抱き、歴史に名を残した人は大勢います。

江戸時代、伊能忠敬が長年の夢だった日本初の実測による日本地図をつくりはじめたのは、55歳を過ぎてからです。彼は17年間かけて全国を歩きまわり、近代的日本地図の先駆者になりました。

ケンタッキー・フライドチキンの創業者、カーネル・サンダースが起業したのは、65歳です。早くに父を亡くした彼は、10歳から農場で働きはじめ、機関助手、判事助手、保険外交員など多くの職に就き、さまざまな挫折《ざせつ》を経験しますが、何度も失敗しても立ち上がり、世界的な企業をつくり上げました。

日本のスターバックスの創業者・角田雄二さんは、50代半ばから日本スターバックスを立ち上げ、1000億円企業に育てました。いつも元気で明るい雄二さんでしたが、会社近くの病院の院長に聞くと、点滴を打って株主総会に出ていたそうです。

日清食品の創業者、安藤百福《あんどうももふく》さんが、無一文の生活から這《は》い上がるために、たった1人で世界初のインスタントラーメン「チキンラーメン」の発明に挑みはじめたのは、47歳のときでした。そして見事に完成させ大ヒットさせると、今度は56歳で世界初のカップ麺《めん》「カップヌードル」の開発に取り組みはじめ、苦心の末に完成させたときには、61歳になっていました。その後「カップヌードル」が世界中に浸透し、日本生まれの世界食となりました。安藤さんの挑戦は、さらに続きます。製品開発の意欲は晩年になっても衰えず、なんと91歳にして、宇宙食の開発に挑みはじめるのです。

それから4年、2005年に、ついに完成した世界初の宇宙食ラーメンがスペースシャトルに搭載され、宇宙へ旅立って行きました。

安藤さんが残した言葉です。

「人生に遅すぎるということはない」

――安藤百福

私たちがこの世に生かされているのには、必ず理由があります。自分の命をどう使うか？

「自分の使命」が必ずあるはずです。

せっかくこの世に生まれてきたからには、生涯をかけて残したいものが、必ず何かあるはずです。誰しもこの世に爪痕《つめあと》を残して死んでいきたいと考えていると思います。「ミッション」の達成が**生きた証《あかし》になる**と思っています。

その答えを見つけ、それを胸に走り続けること。それが人生の目的であり、自分が生きることの意味につながっていると思います。

私自身のMVVの変遷

とてもお恥ずかしいのですが、私自身のMVVの変遷を図に示しました。

私は日産の新入社員挨拶《あいさつ》の時に、「日産の社長を目指して頑張ります」と宣言をしました。これは、「ミッション」ではなくて、「夢」とか「目標」だったと思います。社長になるためには、MBAを取るべきと考え、必死に英語を勉強して、UCLAに留学することができました。その後、経営の勉強になると思い外資系のコンサルティング会社で実践的な経営スキルを学びました。外資系の企業の経営も学ぼうと日本コカ・コーラに転職をしました。たまたま上場企業の創業者が後継者を探しているということで、アトラスの社長

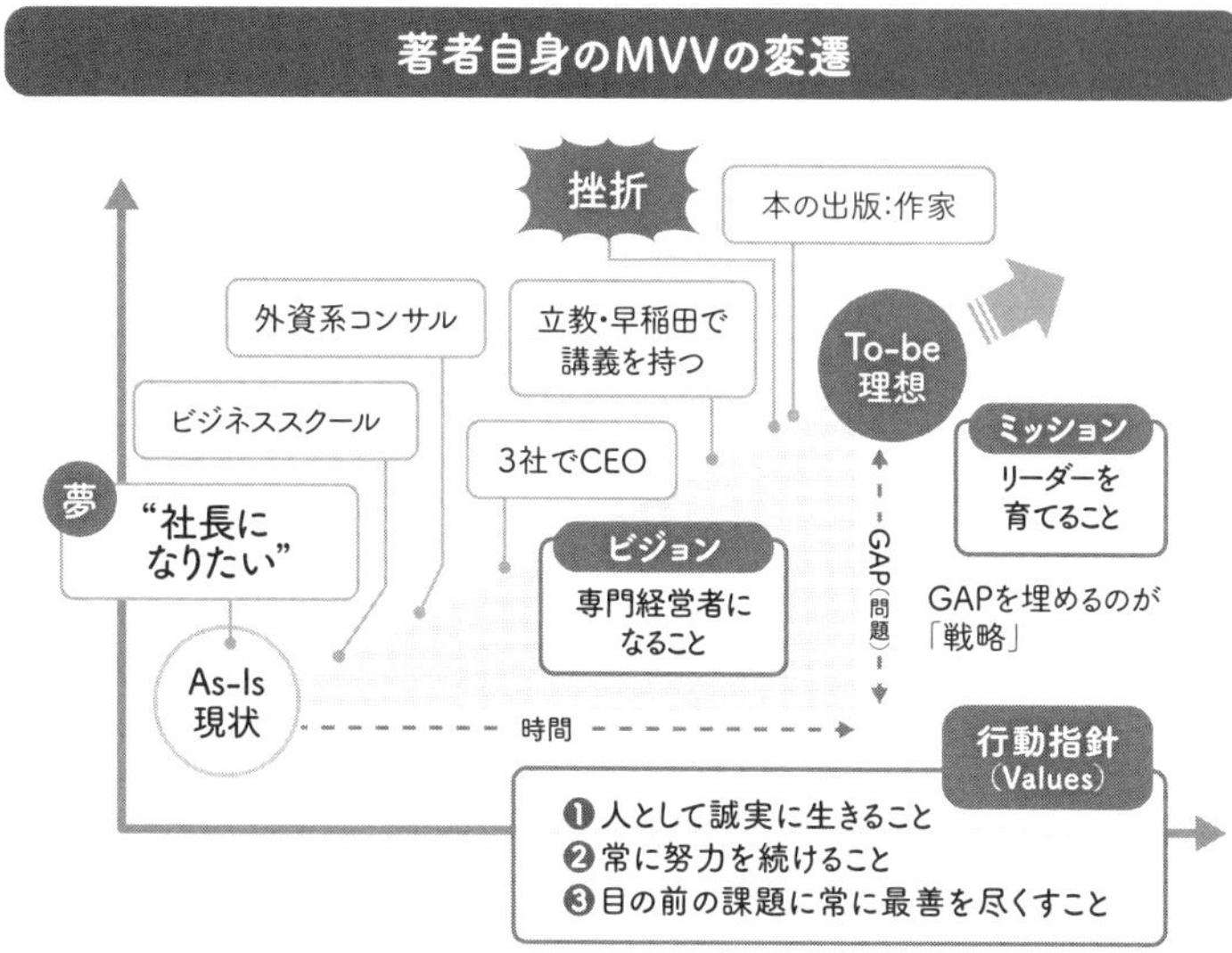

2011年の失職・被災・手術の三重苦を経て
「リーダーを育てる」というミッションに辿り着いた

を経験し、タカラ常務を経て、ザボディショップ、スターバックスで、社長になる夢が叶えられました。1年間充電をして、ようやく今の「リーダーを育てる」という「ミッション」に辿《たど》り着きました。

現在のビジョンは、「求められている限り今の状態を続けること」です。現在の行動指針（バリュー）は「①人として誠実に生きること②常に努力を続けること③目の前の課題に最善を尽くすこと」としています。

ぜひ皆さんも自分史を振り返ってみることを強くおすすめします。大切なことは自分の人生に起こったことにどう自分で意味付けするかです。

自分自身の強みを知る

「自分の限界にこだわっている間は、なるほど大統領は大した仕事をしません。彼らが素晴らしい仕事をするのは、自分の可能性に焦点を合わせた時です」

――ヘンリー・キッシンジャー

人は案外自分の本当の強みを知らないことが多くあります。

もちろん数学が得意とか、足が速いとか本人も周りもはっきりわかる強みがあります。ミッション研修などで、研修メンバーが同じチームメンバーからフィードバックをもらうと、自分が今まで弱みと思っていることが、実は強みになっていることが多くあり、本人がビックリするケースがよくあります。

野球で言えば巨人の投手だった堀《ほり》内《うち》恒《つね》夫《お》さんは、小さい頃うどん製作機に右手人差し指を挟まれ、人より少し短いそうです。しかしそのため堀内さんの投げるカーブは人と違って大きく縦に落ち、短所が長所となり200勝投手となりました。

「上手くなりたければ、一番得意なことをやり続ければいい」

——三《み》浦《うら》知良《かずよし》

特に40代になれば、自分の弱みを矯正することではなく、自分の強みをさらに伸ばすことが大切です。もちろん自分の弱みが、強みの足を引っ張ることがない程度までには、補強することが大切です。

例えば私の場合英語です。もともと英語がそんなに好きなわけではありませんでした。経営者になるためには、ビジネススクールに行くべきだと考え、一所懸命英語の勉強を始めました。２年でＴＯＥＩＣで３００点から９００点レベルになり、ＵＣＬＡのビジネススクールに留学することができました。その後外資系の企業で役員や社長をしました。日常会話では問題はありませんでしたが、重要な会議では通訳を使っていました。コカ・コーラ時代は、毎週日曜日近所の英語塾にも通っていました。

今は英語の勉強は映画を見るぐらいで一切何もしていません。しかしもし外資系の企業で働くことになれば、またコツコツと一から英語の勉強を始めると思います。

なぜなら、自分の英語力の弱さのせいで、ビジネスパーソンとしての自分の力量が発揮できなかったと、忸怩《じくじ》たる思いが強いからです。もっとこういうニュアンスで伝えたいと思っていても、適切な英語の表現ができなくて、悔しい思いを何度もしました。明らかに自分の経営能力が、英語ができないために阻害されていたと感じていました。

to do good より to be good であることを目指す

「リーダーシップというものは、その人がやることはあまり関係ない。大いに関係あるのは、その人がどんな人間かということだ」

——フランシス・ヘッセルバイン

ドラッカーが激賞するリーダーであるヘッセルバインは、「これからのリーダーは『どうあるべきか』に専心する人、すなわち資質、人間性、気構え、価値観、原則、勇気をどのように高めていくか考え、努力する人だ」と言っています。

20世紀を代表するイギリスの経済学者ジョン・メイナード・ケインズの言葉を安岡正篤先生は以下のように引用されています。

It is much more important how to be good rather than how to do good.

いかに善を成すかというよりも、いかに自ら善く在るかということのほうがより大切である。

私は何となく「to do good」と「to be good」の意味の違いが腑《ふ》に落ちなくて、10年近く考えていました。

「How to do good」は文字通り「いかに善いことをするか」ですが、ケインズがより重要であると言っている「to be good」の意味がよくわかりませんでした。to do good で十分ではないか、「to be good」とは何か？　と。

単に善いことをすれば良いのではなく、自分の存在自体が good であるべきということです。特に善いことをしようと思っていなくても、自然と善いことができる状態を目指すことだと理解しました。

つまり、「to do good」は、まだ意識的に「善いことをする」ことです。ルールを守る、電車で席を譲る、寄付をするなど、どれをとっても善いことには違いありません。

しかし、よくよく見ると、人からよく思われたい、尊敬されたい、といった下心がある場合もあります。つまりは欲や計算が、その善行の裏に潜んでいることがあります。私は最初どんな動機であれ善行を行えば、いくら善いことを考えていても、実行しない人より格段に素晴らしいと思っていました。

しかしさらに一歩進んで、人が見ていようが見ていまいが、振る舞った行いが自然と善行である状態を目指すべきだということだと思い至りました。つまり人が周りにいなくても、落ちているゴミを自然に拾って、ポケットの中に入れることができるようになることです。

吾十有五にして学に志す。
三十にして立つ。
四十にして惑はず。
五十にして天命を知る。
六十にして耳順《したが》ふ。
七十にして心の欲する所に従へども、矩《のり》を踰《こ》えず。

まさしく論語が言っている「心の欲する所に従へども、矩を踰えず」という状態を目指さなくてはなりません。自分が特段意識することなく、自然に振る舞ったことが、道に適っているということです。この孔子様の言葉を読み返して、ようやくこの「to be good」の意味が理解できました。

聖人の孔子でさえ70歳になってはじめて、そのような境地になったのですから、私のような凡人には、まだまだ先が長く修養を続けないといけないと思っています。

「社会は我々が判断を誤っても許してくれるかもしれない。しかし動機において誤っていれば容赦しない」

――リチャード・グラッソ（ニューヨーク証券取引所元理事長）

ホリエモンはライブドアの株式を36万分割して、株主価値を30倍以上にしました。株式分割をしたからといって企業価値（株価×株数）は変化しません。流動性が高まるという理屈はありますが、投資家の勘違いを利用して、株主価値を高めたのです。法的に問題がないと嘯《うそぶ》いていましたが、法律に抵触しなくても、普通の感覚からしてどう考えてもおかしい。会社の実態は何も変わらないのに、金融手段を通じて企業価値（時価総額）を高めて、自社株を使って株式交換によって他社を買収しようとしました。

「たとえ法的には問題がなくとも、普通の市民の立場から見て、おかしいと思われる行動は一切とらない」

――ウォーレン・バフェット

第9章のまとめ

◉人を治める前に自分を修めよ。
◉本当の自分らしさを見つけなさい。
◉自分自身のMVVをきちんと確立せよ。
◉自分の強みを伸ばし、それをベースにミッションを考える。
◉表面的なことより、人としてどうあるかが大切。
◉倫理にもとることはしてはいけない。

誰しも落とし穴に落ちたり、逆風にさらされたりすることを経験します。その時にどうしたら良いか最終章の第10章で一緒に考えてみましょう。

C O L U M N

ワレンダ要因

「私が生きていることを実感できるのは、綱渡りをしているときだけだ。それ以外の生活は、ただの待ち時間にすぎない」

（カール・ワレンダ）

1978年有名な綱渡り師だったカール・ワレンダは、それまでで最も危険な綱渡りに挑戦し途中で落下して死亡しました。同じ綱渡り師だった妻はこう言ったという。「本番の何ヶ月か前から、あの人が落ちることばかりを考えていました。これまではそんなことを考えたこともなかったのに、あの時だけは綱を渡り切ることではなく、綱から落ちないことにすべてのエネルギーを注いでいるように見えたのです」

失敗に意識を向けている限り成功することはできません（ゴルフでも同じことが言えます）。

「ワレンダ要因」とは、我を忘れて一心不乱に何かに取り組むと成功し、反対に、失敗への恐れが先行し、萎縮《いしゅく》すると実際に失敗してしまう現象です。

優れたリーダーは失敗を恐れない。それどころか、失敗さえも成功への過程、もしくは成功には欠かせない要素だとみなしています。失敗を自らの学びの糧としています。まずはこうなりたいと良い成功イメージを持つことが大切です。

第10章

逆境がリーダーをつくる

平穏な生活や凪《な》いだ海辺からは偉大な人格が生まれません。何事にも屈しない強い心は、難題に取り組む中でつくられるのです。窮状に陥った時に初めて素晴らしい美徳が呼びさまされるのです。

アビゲイル・アダムズ

（第6代米国大統領ジョン・クィンシー・アダムズの母）

ハードシングスにどう立ち向かうか

修羅場経験こそリーダーを作る

多くの有能なリーダーは、若い時期に修羅場経験を積んでいます。例えば伊藤忠商事元社長の丹羽宇一郎《にわういちろう》さんは、若い頃穀物相場で失敗して、当時の伊藤忠の1年分の利益に匹敵するほどの大きな含み損を出しました。一時自殺まで考えましたが、その後努力をして、その含み損を解消しました。この時の修羅場経験が人生観を変え、「**サムシング・グレート**」（偉大なる何か）を感じるようになったそうです。

ほとんどの名のある経営者は、若い頃から苦労しながら、成功からも失敗からも多くを学んでいます。将来の可能性のある若手には、抜擢《ばってき》人事でプロジェクトリーダーや子会社への出向（通常2段階ぐらい上の役職を経験できる）させることが大切です。そのため、分社化や組織ユニットを小さくして、できるだけ有能な若手には早めにリーダー（ジェネラルマネジメント）の経験をさせることが重要です。

日本の企業の場合、なかなか能力・実績に応じて給与の差をつけにくい人事システムになっています。そのためせっかく育てた有能な若手が高給で他社に引き抜かれることもあります。しかし、チャレンジングな仕事、面白い仕事、勉強になる仕事を与えることによって、引き止めることができます。まさしく「**仕事の報酬は仕事**」なのです。

トップマネジメント層は社内の若手とできるだけ接触を図り、有能な若手を発掘し、計画的に将来の経営幹部を育てることも重要な仕事です。人事だけに任せておける仕事ではありません。人事や上司が人を見る目があるとも限りません。トップ自らが人材育成に積極的に時間を割くべきです。

一方将来経営者になりたいと思っている人は、目先の給与などに惑わされずに、どれだけ勉強になるか、どんな経験ができるかで会社を選んだ方が絶対に良いのです。

私の場合でも、経営の現地化があまり進んでいないコカ・コーラでは、経営の勉強はできないと思っている時に、「いずれ君に任せたい」とアトラスの創業者からお誘いがありました。お給料も何百万円と下がりましたが、経営の勉強になるだろうと思い切って転職しました。

そのアトラスで社長として株主総会を3度経験しました。アトラスは大ブームになったプリクラで大きくなった会社でしたが、上場時公募価格1万4000円、初値9600円、その後私が社長になった当時は株価が1000円を割っているような状態でした。上場時に株を買った株主さんから次から次へと厳しい質問が飛んできました。

ある株主さんはいつも数名で来られ、しっかり勉強してきていて、順番に細かい数値の質問から最後は創業者の経営責任について問い詰められるのです。全ての質問に精一杯誠意を込めて回答しました。3時間怒号の嵐の中株主総会を終えることができました。3時間立ちっぱなしで文字通り足が棒になりました。株主総会後控室に行くのに、まともに歩けなかったことを覚えています。アトラスでは、同じような株主総会をあと2回経験しました。

その後スターバックスでも国技館で3000人の株主総会をしましたが、規模が大きくてもファンクラブの集いのような感じで乗り切ることができました。アトラスの株主総会を乗り切ったことで、少々の株主総会で緊張するようなことはなくなりました。

コカ・コーラでは絶対にできない経験でした。

厳しい試練に対する適応力

ウォレン・ベニスによると、リーダーとして成功する決定的な資質は、「**適応力**」であるとしています。

「高い壁を乗り越えたとき、その壁はあなたを守る砦《とりで》となる」

――マハトマ・ガンジー

「**壁を乗り越える意志**」と「**その方法を見出《みいだ》せる能力**」。この二つこそリーダーの資質を測る尺度です。状況を認識しチャンスと見れば、つかみ取る能力を含めた適応力。まさしく「**機を見るに敏**」であることです。このリーダーに欠かせない適応力が、すべての人生につきものの変化や敗北を、ものともせずに生きて行く能力（**レジリエンス**）を維持できるかどうかを決定づけます。

老年を迎えても活躍しているリーダー達には、大きな適応力があり、過去に執着することなく、新しいことを学び続けながら、前向きな姿勢でひたむきに楽観的に生きています。

「経験とは人間の身に起こる出来事ではなく、起こったことにどう対処したかである」

——オルダス・ハクスレー

厳しい試練から知恵を引き出すことが、リーダーとして成功する人と打ちのめされる人との差になります。成功したリーダーはどんな厳しい試練からでも、何らかの意味を引き出し、新たな手段を獲得して生き抜いてきたのです。貴重な教訓はどんな試練であれ、次なる成長に繋《つな》がり、過去から解放してくれる宝なのです。

「我々を殺すのは、ストレスではない。ストレスにうまく適応することが、我々を生き延びさせてくれる」

——ジョージ・バランシン

偉大なリーダーはどんなに悲惨な試練も無駄にせず、それをコントロールしてきたのです。「あの出来事がなければよかった」と絶対に思いません。変えられない過去を悔やむのではなく、そこから何かを学び取り成長しなければなりません。

厳しい試練とは、変身を遂げた人間が最終的にその意味を決めます。その人自身の価値観を認識したり、大きく変われるきっかけにもなります。

私自身若い頃は、自信満々でつい仕事ができない人に対しては、努力が足りないんだ、やる気がないんじゃないかと、厳しく考えていました。しかし、そんな自分を変える出来事がありました。

アメリカのビジネススクールへの留学前にノイローゼになってしまったのです。留学のための英語の勉強と膨大な仕事量と、上司への不信から精神的に追い詰められたことが原因でした。「眠れない、食べられない、吐き気はする」状態で、1ヶ月で4キロ以上痩《や》せてしまいました。心療内科に予約するところまで行きました。その経験以来、「自分はノイローゼになるくらい弱い人間なのに、なぜ人に強く言ったり、怒ったりできるのか」と思えるようになりました。少しは謙虚になれたのではないかと思います。

自分が大きな挫折をしたことで、人に対して優しくなることができるようになりました。つまり共感型リーダーにとって大切な「**人の痛みがわかる**」ことが少し身についたのだと思います。他人への怒りの感情もなくなりました。もちろん、その後も必要があって部下を叱ることはありましたが、それはあくまでも愛情を持って、相手のために叱るのであって、怒るようなことはなくなりました。

逆境が良きリーダーを作る

モーガン・マッコールが行った研究によれば、逆境は幸運と同じくらい偶発的で、幸運と同じくらい広く見られるそうです。約100人の企業幹部にインタビューを行った結果、ほとんどの人が予想外のものを発見する能力を持っていること、そして同じような経験を経て、現在の地位に就いたことがわかりました。

その経験には幸運だけではなく、仕事上の大きな変化や深刻な問題も含まれています。例えば、失敗、降格、昇進話の頓挫《とんざ》、海外赴任、ゼロからの新規事業開発、企業合併、買収、大規模な組織改編、社内政治などです。これらの結果から四つの結論を導き出しました。

1. 逆境には、教訓が含まれている。
2. 成功するトップは、問いかけることをやめない。
3. 経験から学ぶことが、競争を有利に進めるポイントになる。
4. 成功するトップは、曖昧《あいまい》な状況に置かれても、泰然としていられる能力をキャリアの早い段階で身につけている。

まさしくヘミングウェイが同じことを言っています。

「世界はあらゆる人間を叩《たた》きのめそうとするが、それに耐えたものはさらに強くなる」

——アーネスト・ヘミングウェイ

挫折！　レジリエンス

ガードナー〔心理学者のハワード・ガードナー〕は、歴史に名を残す真の「実力者」には、その活躍する分野を問わず、いくつかの共通点があると書いている。そしてヴォルフガング・モーツァルト、バージニア・ウルフ、ジークムント・フロイト、マハトマ・ガンジーなどについて検証し、彼らに共通する点は、生まれ持った才能や恵まれた環境でも、枯れることのないエネルギーでさえもないという結論を導き出した。そうした人々が共通して持つ優れた能力は、**①みずからの強みと弱点を率直に評価する力**、**②状況を正確に分析する力**、**③過去の挫折を将来の成功につなげる力**、であるとガードナーは言う。彼らにとって挫折とは、さらにやる気をかき立て第一線に復帰しようと**発奮させる材料**にすぎない。そうした特別な人々とふつうの人との違いは、失ったものの大きさではなく、挫折をどうとらえるかということにある。

つまり、逆境に陥ったことを栄光につづく道からの転落と考えることは間違いなのだ。**レジリエンス**は英雄と呼ばれる人々の人格を形づくり、他者と差別化するうえできわめて重要な要素である。

（ジェフリー・ソネンフェルド、アンドリュー・ウォード『逆境を乗り越える者』ランダムハウス講談社、17〜18ページ。〔 〕、太字著者）

「私の命を奪わないものは私を強くさせる」

――フリードリヒ・ニーチェ

この『逆境を乗り越える者』によると、優れたリーダーと呼ばれる人たちは、再起を目指して戦うことでさらに強くなります。悲劇を乗り越えることができるかどうかは次の五つのステップが鍵《かぎ》を握るそうです。挫折からの復活のステップをそれぞれ簡単にまとめると、このようになります。

1. 問題に立ち向かう

現状の問題や困難に正直に向き合うことを指します。逃げたり、問題を無視したり、他者のせいにするのではなく、自らの責任を受け入れ、問題を解決するためのアクションを起こすことが求められます。

2. 味方と共に戦う

挫折や困難に直面したとき、一人で立ち向かうのは困難です。このステップでは、信頼できる味方や支持者を見つけ、彼らと連携して問題に立ち向かう重要性を強調しています。これには、家族、友人、同僚などのサポートを活用することが含まれます。

私は留学前にノイローゼ状態になってしまいましたが、妻の「マンションの前に咲いている花を見た？」の一言で我に返り、今自分の状態はおかしいのだと自覚できました。その後妻が用意してくれたお金で留学予備校に行き、良い仲間と出会い第一志望だったＵＣＬＡビジネススクールに合格することができました。

3. 真実を伝える

透明性と誠実性を持って、自らの状況や問題について率直に話すことを意味します。事

挫折からの復活のステップ

1 問題に立ち向かう
↓
2 味方と共に戦う
↓
3 真実を伝える
↓
4 信用と名誉を回復する
↓
5 使命を再発見する

実を隠蔽《いんぺい》することなく、開かれたコミュニケーションを取ることで、他者からの理解や支援を得やすくなります。

4．信用と名誉を回復する

挫折や失敗によって傷つけられた信用や名誉を回復するための努力を強調しています。これには、誠実に行動し、過去のミスを正直に認め、そのための具体的な修正策を講じることが含まれます。

5．使命を再発見する

最後のステップは、自らの存在意義や目的を再評価し、新たな方向性や目標を見つけることを強調しています。挫折や困難を乗り越えることで、新たな視点や目的が明確になることもあります。

―

私の最大の挫折は、2011年3月突然ス

ターバックスを退職することになり**失職**、その同じ週に東日本大震災により、浦安の自宅が半壊し、9センチも傾いて庭中は液状化した泥で埋まり**被災**、その3日後にずっと痛めていた膝《ひざ》の**手術**をしたことです。わずか1週間で失職、被災、手術と公私両面とも大きな挫折をしました。やはり立ち直るのに1年ほどかかりました。親しい友人からこの『逆境を乗り越える者』をプレゼントされ、いつも自分の机の目立つ所に飾っていました。また別の友人は膝の手術後満足に歩けない状態なのにゴルフに誘ってくれました。一切ハンデをくれませんでしたが。

この時はドラッカーや少し分厚い本を読み込んでいました。不思議と精神的には、そんなにプレッシャーを感じていませんでした。

偶然にも、その年は私の天中殺《てんちゅうさつ》の真ん中でした。天中殺が明けた頃に産業革新機構からお話があったり、執筆のお誘いがありました。この大きな挫折を通じて、内省し自己認識を深め、「リーダー育成」というミッション(使命)に目覚めて、㈱リーダーシップコンサルティングを設立し現在に至っています。今思えばこの時期は、大きな人生の進路変更と次の飛躍台になりました。

人生は常に順風満帆とはいきません。「順風」が吹く時もあれば、「逆風」が吹く時もある。誰だって人生の山谷を経験したことが一度や二度はあるでしょう。
順風の時は翼を大きく広げて、その風に乗ってしまえば良い。ただし今調子が良いのは、風（周り）のお陰だと謙虚な気持ちと感謝を忘れないこと。逆風の時は静かに翼をすぼめ、じっと風が通り過ぎるのを待って、次の準備をすれば良いのです。決して希望を失ってはいけません。
誰にでも挫折の経験は必ずあります。その挫折をしっかりと見据え、自分の弱さと向き合い、それを謙虚に受け止める。自分はまだまだ未熟な人間だと思えば、他人に対しても怒りの感情を制御できるようになります。

レーガン大統領が銃撃されて病院に搬送された際、彼は手術を担当する医師たちに向かって「みんな共和党員であることを願っているよ」と言いました。医師たちは（実は民主党支持でしたが）「今日だけは共和党員です」と答えたそうです。また政権末期、世論調査での人気が低下していることに関して、「もしかしたら、もう一度撃たれて人気を上げるべきかもしれない」というジョークも言ったとされています。

レーガン大統領のように苦境に陥っても、ジョークが言えるほどの余裕を持ちたいものです。

「難題の無い人生は、無難な人生。

難題の有る人生は、有り難い人生」

――斉藤里恵《さいとうりえ》（筆談ホステス。お客様が「難題の多い人生だった」と言った時に書いて贈った言葉）

「悩まないでサッカーをやっていたことはない。

でも、楽しくやらなければならないんだね」

――三浦知良

良い習慣をつける

「成果を挙げる人と挙げない人の差は才能ではない。いくつかの習慣的な姿勢と基礎的な方法を身に付けているかどうかの問題である」

――ピーター・ドラッカー

『習慣の力』（*The Power of Habit*）（チャールズ・デュヒッグ、講談社）によると、人生の40％

は習慣が占めています。私たちの人生は、習慣が織りなす長い旅かもしれません。

悪い習慣を改めて、よい習慣を続けることは本当に難しいものです。自分で悪い習慣を断ち切ろうとしたけれど、ちょっとした壁にぶつかって、禁酒や禁煙を破ってしまうことがよくあります。人はとても弱い生き物です。よい習慣を続けるには、**「信じる何か」**があることがとても大切です。その「信じる何か」とは私は自分の使命（ミッション）を自覚することだと思います。

アルコール依存症の人が、せっかく禁酒を続けていたのに、何かのトラブルにあって、またお酒に頼ってアルコール漬けになってしまうことがよくあります。そうした困難を一人で乗り越える人もいますが、その壁を乗り切る秘訣《ひけつ》は、同じ目的（禁酒）をもったグループに属することです。こうした励まし合える仲間と一緒にいると、元の悪い習慣に戻らなくて済むそうです。

良い習慣を続けるために、一人でやるのではなく、ぜひチームメンバー全員で共有し、お互い励まし合いながら、続けてみてください。悪い習慣は即座にやめ、良い習慣はずっと続けていくことで、チームも個人も素晴らしい成果を残し、豊かな人生が送れるのです。

私が２０１６年から主催しているオンライン「リーダーシップスクール」（https://iwata.school/about）には、前向きな仲間が集まってくれています。自動車部品販売会社社長、コールセンター責任者、介護施設経営者、医者、コンサルタント、移動販売、自営業など前向きな人が集まっていただいています。毎朝の課題に対して、きちんと答えていただいている人は習慣になり、長くスクールを続けていただいています。
もしあなたが**変われると信じるなら**――「変われると信じる」ことを習慣にすれば、変化は現実のものになります。それが**習慣の力**です。

今社外取締役として、お世話になっているある上場企業では、取締役会は大体正式な開始時間の5分から10分前に始まります。早めに全員が揃うからです。ですからいつも私も早めに行くようにしています。一方以前関係していたベンチャー企業では、大体開始時刻が、5分から10分以上遅れるのです。いつも若いTシャツ姿の社長が最後に遅れてやってきます。
前者の株価はこの10年で20倍以上になり、後者の株価は数年前に上場して、公募価格の20分の1になってしまっています。

日本ラグビーベスト8への原動力

「日本のラグビーを変えるのはW杯で、勝つことが全て」

――エディ・ジョーンズ「スポーツ報知」記事

2012年にラグビー日本代表監督に就任したエディ・ジョーンズ監督は、圧倒的な練習量を課しました。早朝5時からハードワークを重ねて、選手たちを追い込みました。当時の方針について、エディ監督はこう語りました。

「W杯の舞台に立ったとき、おれたちはどのチームよりも限界まで練習したという自信を植えつけたいんだ。このメンバーならそれをやりきれるはずだ」

(「ダイヤモンド・オンライン」記事「主将の照れ笑いにブチ切れて日本ラグビー界を変えたエディ・ジョーンズ監督」)

それまで夜遅くまで起きていた選手たちは自然に、夜9時頃にはほとんどの選手がベッドにつくようになり、規律ある習慣が根付いていったとこの記事では書かれています。それが南アフリカを破る「ブライトンの奇跡」につながっていくのです。

「『今乗り越えなくてどうする』という気持ちが上回るやつだけが本当に生き残れるんだ」

第10章のまとめ

◎逆境は誰にもやってくる。その時の身の処し方で大きく飛躍するチャンスになる。
◎特に挫折は人の痛みがわかり、人に優しくなれるチャンスである。
◎絶対に諦《あきら》めたり、希望をなくしてはいけない。
◎習慣の力を信じて良い習慣を身につける。

——三浦知良

COLUMN

推薦図書

最後にリーダーシップを学ぶ皆様に読んでほしい本をリストアップします。

私は気に入った本は何度も読み返します。ときには数年後、10年以上経って読み返すこともあります。愛読書である『経営者の条件』『ビジョナリー・カンパニー』や『竜馬《りょうま》がゆく』は7度以上読み返しています。

本当に不思議ですが、読み返すたびに感動する箇所が違います。前回読んだときから時間が経過し、立場も経験も違っていると、線を引く箇所も変わってくるのです。自分自身が変化した証拠です。時には著者に賛同できない部分も出てきます。以前は書かれていることを鵜呑《うの》みにしていたのが、自分なりに意見を持てるようになったのだと思います。

古典と言われるドラッカーや安岡正篤先生の著作も何度も読み返しています。

【推薦図書】

◎**ウォレン・ベニス『本物のリーダーとは何か』『リーダーになる』**（いずれも海と月社）

◎**ピーター・F・ドラッカー『経営者の条件』『チェンジ・リーダーの条件』『明日を支配するもの』『非営利組織の経営』**（いずれもダイヤモンド社）**他**

COLUMN

推薦図書

◎ジョン・P・コッター『リーダーシップ論』『実行する組織』（いずれもダイヤモンド社）

◎野田智義、金井壽宏『リーダーシップの旅』（光文社）

◎ジム・コリンズ他『ビジョナリー・カンパニー』『ビジョナリー・カンパニー2』『ビジョナリー・カンパニーZERO』（いずれも日経BP）

◎ロナルド・A・ハイフェッツ『最難関のリーダーシップ』（英治出版）、『リーダーシップとは何か！』（産能大学出版部）

◎ケン・ブランチャード他『ザ・リーダーシップ』（ダイヤモンド社）

◎ジェフリー・ソネンフェルド、アンドリュー・ウォード『逆境を乗り越える者』（武田ランダムハウスジャパン）

◎ユヴァル・ノア・ハラリ『サピエンス全史』『ホモ・デウス』『21Lessons』（いずれも河出書房新社）

◎ダニエル・カーネマン『ファスト&スロー』（早川書房）

◎カルロ・ロヴェッリ『すごい物理学講義』（河出書房新社）

◎入山章栄『世界標準の経営理論』（ダイヤモンド社）

◎安岡正篤『活眼活学』『人生と陽明学』『活学としての東洋思想』（いずれもP

ＨＰ研究所）他

◎橘玲『不条理な会社人生から自由になる方法』（ＰＨＰ研究所）、『シンプルで合理的な人生設計』（ダイヤモンド社）他

◎渡部昇一『日本人の気概』（ＰＨＰ研究所）、『昭和史』（ビジネス社）、『「修養」のすすめ』（致知出版社）他

◎岩田松雄『ミッション』『ブランド』（いずれもアスコム）、『「ついていきたい」と思われるリーダーになる51の考え方』（サンマーク出版）、『「情」と「理」 話し方の法則』（三笠書房）他

◎古典では『論語』『老子』『言志四録』『菜根譚』『十八史略』『大学』『小学』他

あとがき

「先頭を走る犬にならなければ、景色はいつでも変わらない」

ザボディショップの社長をしている時に、大変お世話になったイオンの人事の専務さんが、「グループの子会社の社長をやらせると、二度とイオンに戻りたくなくなるみたいだ」とおっしゃっていたのが、よく分かります。

一度トップをしてしまうとそれ以外できなくなるのです。私もアトラスの後タカラ（現タカラトミー）で役員をしていましたが、とてもフラストレーションを感じました。当時の社長を見ては、自分だったらこうするのにとついつい思ってしまうのです。

それで、そのイオンの専務さんからもらった選択肢で、一番小さい規模の会社だけど、一番早く社長になれるザボディショップを選んだのです。それが大正解でした。社長の仕事は本当に大変だけど、一方で大きなやりがいのある仕事です。そしてとても勉強になります。社長というポジションはその会社を代表する存在ですから、何よりも社内外から情報が圧倒的に入ってきます。また人事から財務、営業、マーケティングまで守備範囲がとても広くなります。

人から尊敬される共感型のリーダーになりたいのであれば、できるだけ早くリーダーの地位に立ち、多くの失敗を経験することが何より大切です。大企業の場合なかなかリーダーになるチャンスが少ないと思われます。課長になるのでさえ、平均47歳というデータもあります。もし、プロジェクトリーダーや海外含め子会社へ出向するチャンスがあれば手を挙げて経験すべきです。通常2ランクぐらい上のポジションを経験することができます。

さらにボランティアやサークルなどのリーダーを引き受けてみると良いでしょう。少年野球のコーチやマンションの管理組合の理事長などでも良いと思います。私が地元のソフトボールチームにいた時、浦安市ソフトボール協会の審判長は、どこの社長にも負けない惚《ほ》れ惚《ぼ》れするようなリーダーシップを発揮されていました。

人生は山谷があり、挫折《ざせつ》や失敗を経験することがあります。そういった時は、体に重《おも》りをつけて逆風の中を走っているようなものです。それに負けないで頑張っていると、順風の時より負荷がかかっている分大きく成長することができます。


「苦しくなったら、私の背中を見て」

——澤穂希《さわほまれ》(北京オリンピックの3位決定戦、対ドイツ試合前の言葉)

確固たる実績と人間性が裏打ちされていないと、こんな言葉はとても言えません。女子サッカーを引っ張り、ワールドカップ優勝まで導いたリーダー澤穂希さん。なでしこジャパンのメンバーと深い絆《きずな》を築き、彼女たちの能力を最大限に引き出すリーダーシップを示し、チームに対する温かく包容力のある姿勢、丁寧なコミュニケーションを取ることに重点を置いたリーダーシップスタイルは、まさしく共感型リーダーシップの手本だと思います。

「あなたの心が正しいと思うことをしなさい。どっちにしたって批判されるのだから」

——エレノア・ルーズベルト

2012年に処女作である拙著『「ついていきたい」と思われるリーダーになる51の考え方』（サンマーク出版）を刊行し、文庫版を合わせると38万部のベストセラーになり今も売れ続けています。当初、ビギナーズラックだと思っていました。

その目次には「リーダーは、かっこいいとは限らない」「リーダーは、弱くてもかまわない」など従来の強いリーダー像と真逆なことが書かれています。つまり、等身大のリーダー像が読者の共感を呼んだのだと思います。**あなたはあなたにしかなれないのです。**自分らしさをさらけ出して、**自分らしいリーダー像**を作ってください。仮面などかぶる必要はないのです。自然体で良いのです。

もしリーダーになったら、悔いのないようチームのため、メンバーのため全力を尽くしてください。私心をなくし、皆のためだと言い切れるなら、どんな批判も怖くありません。本書が、責任あるリーダーである方、これからリーダーを目指す方の参考になれば幸いです。

最後にいろいろお世話になったKADOKAWA編集者の廣瀬《ひろせ》暁春《あきはる》様、今回も初稿段階で有意義なアドバイスをいただいた友人の渡邉《わたなべ》淳《じゅん》さんに心よりお礼を申し上げます。

2024年年頭

岩田　松雄

岩田 松雄

IWATA MATSUO

株式会社リーダーシップコンサルティング代表取締役社長。早稲田大学講師。1958年生まれ。大阪大学経済学部卒業。日産自動車株式会社、外資系コンサルティング会社を経て、コカ・コーラビバレッジサービス株式会社役員。株式会社タカラ常務取締役。株式会社アトラス、ザボディショップジャパン株式会社、スターバックスコーヒージャパン株式会社のCEOを歴任し実績を上げる。元立教大学特任教授。ベストセラー『「ついていきたい」と思われるリーダーになる51の考え方』(サンマーク出版)、『ミッション』(アスコム)など著書多数。

共《きょう》感《かん》型《がた》リーダー

まわりが自然《しぜん》と動《うご》く、何歳《なんさい》からでも身《み》につく思考法《しこうほう》

2024年2月20日　初版発行

著者／岩田《いわた》 松雄《まつお》

発行者／山下 直久

発行／株式会社KADOKAWA

〒102-8177 東京都千代田区富士見2-13-3

電話 0570-002-301(ナビダイヤル)

装幀・組版・図版作成／長谷川 仁(コマンド・ジー・デザイン)

印刷・製本／大日本印刷株式会社

お問い合わせ

https://www.kadokawa.co.jp/(「お問い合わせ」へお進みください)

※内容によっては、お答えできない場合があります。

※サポートは日本国内のみとさせていただきます。

※Japanese text only

定価はカバーに表示してあります。

ISBN 978-4-04-113933-2　C0034